Anselm Grün

Quellen der Kraft

Eigene Energien nutzen

HERDER

FREIBURG · BASEL · WIEN

Herder Spektrum 6901

Herausgegeben von Rudolf Walter

MIX
Papier aus verantwor-
tungsvollen Quellen
FSC® C083411

© Verlag Herder GmbH, Freiburg 2016
Alle Rechte vorbehalten
www.herder.de

Erweiterte Textausgabe des Bandes „Quellen der Kraft",
der 2013 mit Fotos von Micha Pawlitzki im Verlag Herder erschien

Umschlaggestaltung: Designbüro Gestaltungssaal
Umschlagmotiv: © Dean Pennala · shutterstock

Satz: Arnold & Domnick, Leipzig
Herstellung: CPI books GmbH, Leck

Printed in Germany

ISBN 978-3-451-06901-7

Inhalt

Vorwort

Menschen, die an Erschöpfung leiden, haben den Zugang zu ihrer inneren Quelle verloren. Wer aus seiner
inneren Quelle schöpft, wird nicht so leicht erschöpft.
Denn die inneren Quellen – gerade die spirituellen
Quellen – versiegen nicht. Jeder hat seine eigene Erfahrung gemacht, wie er zu seiner inneren Quelle findet.
Der eine geht in die Natur. Er spürt, dass das Leben,
das ihn in der Natur umgibt, auch in ihm strömt, genauso unerschöpflich, wie er es in der Schöpfung um
sich herum wahrnimmt. Für den anderen ist die Stille
ein guter Weg, um die innere Quelle zu entdecken.
Wenn ich innehalte, finde ich im Innern Halt. Da ent-
decke ich auf dem Grund meiner Seele eine Kraft, an
die ich mich halten kann.

Ein guter Weg, die innere Quelle zu finden, ist die Meditation. In der Meditation gehe ich durch den Lärm
meiner Gedanken, da gehe ich durch meine Sorgen

und Ängste, durch meine depressiven Gefühle und durch meine Schuldgefühle hindurch, im Vertrauen, dass ich nicht stecken bleibe im Chaos meiner Gefühle, sondern dass ich durch sie hindurchstoße zum Grund meiner Seele. Und dort, auf dem Grund meiner Seele, strömt eine innere Quelle. Ich kann sie die spirituelle Quelle nennen, oder aber auch die göttliche Quelle. Die Bibel spricht von der Quelle des Heiligen Geistes, die in uns strömt. Sie ist unerschöpflich. Aber die Quelle ist kein Tank, aus dem ich den Motor meines Lebens beliebig lang antreiben kann. Ich kann aus der Quelle nur schöpfen, wenn ich meine Einstellung ändere, wenn ich durchlässig werde für etwas, das größer ist als ich selbst. Es geht um Haltungen wie Achtsamkeit, Gelassenheit, Staunen, selbstvergessenes Schauen, reines Hören. Nur diese Haltungen erschließen mir den Zugang zur inneren Quelle.

Lassen Sie sich in Berührung bringen mit dem ursprünglichen Bild, das Gott sich von Ihnen gemacht hat. Wenn Sie im Einklang sind mit Ihrem einmaligen Bild, dann sind Sie auch in Berührung mit Ihrer inneren Quelle. Dann wird Ihr Leben fließen, ohne zu zerfließen. Dann wird es blühen, ohne zu verblühen. Und es wird Frucht bringen, zum Segen für viele.

Anselm Grün

Geh den Weg zur Ruhe

Der klassische Weg zur Ruhe ist der Weg der Meditation. Das Achten auf den Atem lenkt das Bewusstsein nach innen und erzeugt Ruhe. Solange wir im Kopf bleiben, sind wir immer unruhig. Denn der Kopf lässt sich nicht so leicht beruhigen. Da schwirren die Gedanken immer hin und her. Im Ausatmen können wir uns vorstellen, wie wir all die Gedanken, die immer wieder hochkommen, einfach abfließen lassen. Wenn wir das eine Zeit lang tun, werden wir innerlich ruhig. Dann können wir den Atem mit einem Wort verbinden. Wir können z. B. beim Einatmen still sagen: „Siehe" und beim Ausatmen: „Ich bin bei dir". Es ist ein Wort, das Gott uns im Propheten Jesaja zusagt. Ich muss mich bei dieser Meditation gar nicht konzentrieren. Ich spreche das Wort in all die Gedanken und Gefühle hinein, die auftauchen. Es darf alles hochkommen. Aber ich grüble nicht nach über die Gedanken, sondern ich halte in sie den Atem und das Wort hinein.

Dann wandeln sich die Gedanken und Gefühle. Sie sind nicht mehr so bedrängend. Auch wenn sie immer wieder hochkommen, fühle ich mich mitten in der Gedankenflut ruhig. Ich habe einen Anker – das Wort mit dem Atem verbunden –, der das Schiff meines Herzens inmitten der tosenden Gedankenwelt festhält.

Der andere Weg besteht darin, dass ich die Gedanken gar nicht beachte, sondern dass ich meinen Geist durch das Wort binde und sammle. Und ich lasse meinen Geist an der Leiter des Wortes hinabsinken in den inneren Raum der Stille. Ich lege in das Wort und in den Ausatem meine ganze Sehnsucht nach der „Sabbatruhe Gottes", nach dem inneren Ort der Ruhe. Dann kann es sein, dass mich Wort und Atem für einen Augenblick dorthin tragen, wo es in mir ganz still ist, wo aller Lärm verstummt und das unruhige Herumdenken zur Ruhe kommt.

Die Meditation will mich wieder in Berührung bringen mit diesem inneren Ort. Der Kopf ist vielleicht noch weiter unruhig. Da jagen sich die Gedanken weiter hin und her. Aber tief unten ist es still. Da kann ich mich fallen lassen. Meditation ist das Eintauchen in die innere Ruhe, die auf dem Grund unseres Herzens in uns verborgen ist. Sie ist in uns als ein Raum, zu dem wir hinkommen dürfen.

Aus der Ruhe kommt die Kraft

Die Kunst besteht darin, mitten in der Arbeit aus der inneren Ruhe heraus zu wirken. Auch wenn ich tätig bin, gibt es in mir den Raum der inneren Stille, in der die Quelle des Heiligen Geistes sprudelt. Es geht darum, mich in der Arbeit immer wieder daran zu erinnern, dass der innerste Kern in mir ruhig ist und dass da eine Quelle in mir strömt, die nie versiegt.

Aus der Ruhe kommt die Kraft. Wer hektisch arbeitet, der verbreitet um sich Hektik, einen Fieberzustand, der den Menschen nicht guttut. Wer gehetzt arbeitet, der hasst sich selbst. Denn Hetzen kommt von Hassen. Der hektische Mensch arbeitet weniger als der ruhige. Aus der Ruhe heraus arbeite ich klarer und effizienter. Ich habe nicht so viele Reibungsverluste. Ich kann mich ganz auf die Arbeit einlassen. Die Arbeit fließt aus mir heraus. Die Spannung von Ruhe und Bewegung ist also die Bedingung für eine gute und effektive Arbeit.

Eine heilsamer Zustand

Stille ist ein wichtiger Ort, an dem Sie mit ihrer inneren Quelle in Berührung kommen. Stille kommt von stellen, stehen bleiben. Die Mutter stillt das Kind. Wenn wir still werden, dann taucht unser Durst und unser innerer Hunger in uns auf. Aber die Stille vermag diesen Durst auch zu stillen. Die Stille ist uns vorgegeben. Wir tauchen ein in einen Raum der Stille. Eine Kirche kann ein Ort gebauter Stille sein. Die Natur ist still. Wenn Stille uns umgibt, so erleben wir es als heilsam. Damit wir die Stille genießen können, die uns umgibt, müssen wir selbst still werden. Dieses Stillwerden ist das Schweigen. Schweigen heißt: seinen Mund halten, aber auch seine Gedanken zum Schweigen zu bringen. Stille und Schweigen erfahren viele Menschen als heilsam. Sie verstehen das berühmte Wort des dänischen Religionsphilosophen Sören Kierkegaard: „Der heutige Zustand der Welt, das ganze Leben ist krank. Wenn ich Arzt wäre und man fragte mich, was rätst du? – Ich würde antworten: Schafft Schweigen!" Gerade in der Arbeit müssen wir ja oft ständig reden und mit anderen kommunizieren. Und alles um uns herum redet. Es gibt einen permanenten Schwall der Kommunikation in Mails, Telefonaten, Twitternachrichten. Da sehnen wir uns nach Räumen der Stille. Der indische Philosoph Rabindranath Tagore meint, die vielen Worte würden uns oft verschmutzen. Wir bräuchten gleichsam ein Bad im Schweigen, damit wir innerlich erfrischt werden: „Der Staub der toten Worte haftet an dir; bade deine Seele im Schweigen." Ich genieße, wenn ich im Urlaub in einem Wald stehen bleibe und kein einziges Motorengeräusch höre, weder einen Traktor, noch eine Motorsäge, noch ein Flugzeug oder Auto in der Nähe. Das sind Augenblicke von Reinheit und Klarheit. Ich horche dann auf die Stille. Und ich spüre, wie mir das guttut. In dieser Stille, die mich umgibt, kommen auch die inneren Turbulenzen zum Schweigen. Dann fühle ich mich nicht unter Druck. Ich bin frei und ich fühle mich innerlich erfrischt, gebadet gleichsam vom Schweigen.

Ganz gegenwärtig

Freude ist ungeteiltes Sein im Augenblick. Wir freuen uns immer hier und jetzt. Selbst wenn wir Vorfreude haben, empfinden wir sie jetzt, und wir erinnern uns jetzt an vergangene Freuden." Margrit Irgang, von der diese Beschreibung stammt, ist Zenlehrerin und Schriftstellerin. Sie hat ein „Buch der Freude", eine Sammlung von Texten herausgegeben, die dieser positiven Emotion nachspüren, und damit auf ein Thema aufmerksam gemacht, das bei vielen Dichtern auch in unserer Zeit eine große Rolle spielt.

Die Freude hat die Fähigkeit, uns ganz in den Augenblick zu versetzen. Wenn ich mich freue, bin ich ganz präsent. Das Denken kreist immer um die Vergangenheit oder Zukunft. Die Freude spüre ich in der Gegenwart und sie macht mich gegenwärtig. In der Freude komme ich mit mir selbst in Berührung. Im Denken bin ich immer von mir selbst entfernt. Die Freude bringt mich in die Nähe zu mir selbst und in die Nähe zum gegenwärtigen Augenblick. Die Freude ist eine Schwester der Lust. Auch die Lust empfinde ich jetzt. Über vergangene oder zukünftige Dinge kann ich keine Lust spüren, höchstens wenn das Vergangene oder Künftige jetzt in meiner Vorstellung gegenwärtig wird. Die Freude schafft Gegenwart. Und umgekehrt bewirkt die Fähigkeit, ganz im Augenblick zu sein, Freude. Freude ist Ausdruck des reinen Seins, der klaren Gegenwart.

Innere Halte-Punkte

Damit ich auch mitten in der Arbeit mit der innere Quelle in Berührung bin, braucht es immer wieder innere Halte-Punkte, in denen ich mich selbst spüre. Eine wichtige Hilfe, mitten in der Arbeit die innere Ruhe zu spüren, mich selbst zu spüren, meine Mitte zu erleben, besteht in den Ritualen. Sie schaffen immer wieder eine heilige Zeit, die der Welt entzogen ist. So erlebe ich mitten im Tun etwas, worüber das Tun und die Anforderungen der Arbeit nicht verfügen können. Das gibt mir die Möglichkeit, mitten im Handeln innerlich frei zu bleiben und mich nicht von außen bestimmen zu lassen. Die Kraft der Rituale besteht darin, dass sie uns das Gefühl geben, dass wir selber leben, anstatt gelebt zu werden. Jeder kann seine eigenen Rituale entwickeln. Wir können nicht den ganzen Tag über mit unserer Quelle in Berührung sein. Aber wir brauchen tägliche Rituale, in denen wir innehalten, um die eigene Mitte und in der Mitte die Quelle zu spüren, die in uns sprudelt. Ohne dieses Innehalten versiegt die Quelle in uns, oder wir verlieren die Beziehung zu ihr.

Ein Weg zur Gelassenheit

Setze dich entspannt hin. Schließe die Augen. Stelle dir vor, du sitzt in deiner Wohnung an deinem Lieblingsplatz. Du spürst den Atem, wie er durch den Leib strömt. Und mit dem Atem strömt deine Zustimmung zu dir selbst. Es ist gut, so wie es ist. Ich bin ganz bei mir, im Einklang mit mir selbst. Ich bin in meiner Mitte, in Berührung mit der inneren Quelle.

Dann stelle dir vor: Es kommt ein Mensch, der dir vertraut ist, mit dem du dich gerne unterhältst. Wie würde das Gespräch ablaufen, wenn du ganz bei dir wärest und zugleich offen für den andern? Wenn du frei wärest von dem Druck, die Erwartungen des anderen zu erfüllen oder eine gute Figur zu machen, wenn du den andern bewusst wahrnehmen würdest, in seinem Gesicht, in seinen Worten, und wenn du antwortest, was wirklich aus deinem Herzen strömt?

Dann verabschiede dich von diesem Menschen. Spüre nach, dass du wieder ganz bei dir bist.

Dann stelle dir vor, dass ein Mensch zu dir kommt, der dich oft einengt und dir Angst macht, mit dem du nur ungern sprichst, mit dem du vielleicht gerade einen Konflikt hast. Wie würde das Gespräch ablaufen, wenn du ganz bei dir wärest, wenn du dir vom andern nicht die Spielregeln aufzwingen lassen würdest, wenn du dich nicht von den Worten des anderen in die Enge treiben lässt? Wie könntest du den andern sehen, wenn du ihn nicht festlegst auf seine aggressive Art, sondern die Sehnsucht in ihm erkennst? Versuche, die Würde des andern zu beachten. Und stelle dir dann vor, was du ihm sagen und wie du zu ihm sprechen möchtest …

Dann verabschiede dich wieder und spüre nach, ob du ganz bei dir selbst bist.

Eine solche Meditation kann eine gute Übung für dich sein, damit du auch in schwierigen Situationen des Alltags aus der inneren Quelle heraus reagierst und dich nicht vom andern die Spielregeln vorschreiben lässt. Wenn du dir nur mit dem Willen vornimmst, zu allen Mitarbeitern freundlich zu sein, dann fällt dir der Vorsatz erst wieder ein, wenn dich jemand schon aus der Mitte heraus gerissen hat. Wenn du dich aber in der Meditation in die Haltung der Gelassenheit hinein meditiert hast, dann erinnern dich der kritische Blick oder die verletzenden Worte des Mitarbeiters an die Erfahrung, die du in der Meditation gemacht hast. Dann bist du wieder in deiner Mitte. Und wenn du bei dir bist, dann lässt du dich nicht mehr von außen bestimmen, sondern schöpfst aus der inneren Quelle. Du wirst das sagen, was aus deinem Herzen kommt, was für dich stimmt. Dann wird die Begegnung mit dem schwierigen Mitmenschen nicht anstrengend sein und dich nicht einengen. Vielmehr wirst du dich innerlich frei fühlen. Du lässt dich nicht aus deiner Mitte reißen und von deiner Quelle abschneiden.

Der innere Raum

Die Mystiker sprechen davon, dass in jedem von uns ein Raum der Stille ist, ob wir wollen oder nicht. Aber oft sind wir abgeschnitten von diesem inneren Ort. Es ist ein Raum des Friedens, des Lichtes und der Liebe. Dieser Raum ist in uns. Unsere Aufgabe ist es nur, in diesen Raum mit unserem Bewusstsein einzutauchen.

Wir können diesen Raum der Stille nicht immer spüren. Manchmal wird es uns in der Meditation geschenkt. Manchmal aber hilft allein die Vorstellung, dass unterhalb aller Gedanken und Gefühle, die in mir auftauchen, sobald ich in die Stille gehe, dieser Raum der Stille ist. Für mich ist es eine Hilfe, mich in die Stille zu setzen, etwa in eine stille Kirche oder auf einen Baumstamm in einem stillen Wald. Dann erahne ich, dass die Stille, die mich umgibt, auch in mir ist. Dann werde ich eins mit der Stille um mich herum. Und wenn ich eins bin mit der äußeren Stille, spüre ich auch in mir diesen stillen Raum, diesen „Ort Gottes", diese „Schau des Friedens".

Ein anderer Weg ist der Weg des Atems. Ich stelle mir vor, dass ich im Ausatmen durch alle Schichten meiner Seele in den Grund gelange. Der Ausatem geht durch den Ärger, durch die Unruhe, durch den inneren Lärm, durch die Selbstvorwürfe hindurch in den Grund der Seele. Und dort unterhalb aller Emotionen und Gedanken ist dieser Raum der Stille. Ich werde diese Stille immer nur für einen Augenblick ganz intensiv spüren. Dann werden die Gedanken wieder auftauchen. Aber dieser eine Augenblick der Stille verwandelt meine Selbstwahrnehmung. Ich spüre bei allem Lärm dieser Welt und bei aller Verantwortung, die ich für andere habe, immer wieder diesen Freiraum der Stille, zu dem die Menschen keinen Zutritt haben. Das ist für mich wohltuend, eine Tröstung, die ich nicht vermissen möchte.

Gestalte deine Zeit

Es gibt verschiedene Möglichkeiten, seine Zeit gut zu gestalten. Ein Weg dazu besteht in der guten Rhythmisierung. Die Zeit ist in unserer Erfahrung schon immer rhythmisiert. Die Jahreszeiten geben der Zeit ihren Rhythmus, aber auch Morgen, Mittag und Abend strukturieren die Zeit eines jeden Tages. Wenn ich mich auf den guten Rhythmus der Zeit einlasse, auf die vorgegebene Struktur des Tages, dann tut mir das gut. Sich auf den Rhythmus des Lebens einzustellen, ist gesund. Jeder hat seinen eigenen Biorhythmus. Wenn ich ständig gegen diesen inneren Rhythmus arbeite, werde ich schnell müde und fühle mich ausgelaugt. Wenn ich dagegen im Rhythmus meines Leibes und meiner Seele lebe, bin ich im Einklang mit mir. Ich habe nicht den Eindruck, zerrissen und gehetzt zu sein. Und die Arbeit geht mir gut von der Hand. Aber ich bin nicht Sklave der Arbeit. Ich kann in der Beziehung zu dem, was ich tue, Sinn erfahren. C. G. Jung meint, wer im Rhythmus arbeitet, arbeitet effektiver. Wer gegen seinen Rhythmus sich nur vom Terminkalender bestimmen lässt, der geht nicht nachhaltig mit seinen Kräften um. Er wird in kurzer Zeit ausbrennen. Die Griechen nennen das Unzeitgemäße, das, was gegen den inneren Rhythmus ist, „aoros". Es bedeutet nicht nur „ohne Zeit oder gegen die Zeit", sondern auch „hässlich". Was gegen den inneren Rhythmus läuft, ist hässlich. Es widerspricht unserem Wesen, unserer Würde. Es tut uns nicht gut.

Zeiten der Ruhe

Der dänische Philosoph Sören Kierkegaard hat einmal gesagt: „Der heutige Zustand der Welt, das ganze
Leben ist krank. Wenn ich Arzt wäre und man mich
fragte: Was rätst du? Ich würde antworten: Schaffe
Schweigen!" Wir alle brauchen immer wieder Zeiten
der Stille, in denen wir uns zurückziehen können vom
Lärm, der uns oft genug umgibt, vom Lärm der Arbeit
oder auch von den vielen Gesprächen. Lärm macht
krank. Wer sich ständig äußerem Lärm aussetzt und
wer den inneren Lärm nicht abschalten kann, der wird
krank. Jeder hat andere Formen entwickelt, wie er sich
zurückziehen kann. Der eine geht spazieren, der andere macht einen sogenannten Wüstentag, einen Tag
der spirituellen Vertiefung und Konzentration, ohne
die Anforderungen des Alltags. Ein anderer zieht sich
in sein Zimmer zurück und zieht den Telefonstecker
heraus, damit er nicht erreichbar ist. Jeder von uns
braucht die Möglichkeit des Rückzugs, damit er Rück-

halt findet, einen festen Halt, auf dem er stehen kann. Der Rückzug ist immer verbunden mit der Rücksicht auf sich selbst. Ich schone mich selbst, gehe rücksichtsvoll mit mir um, damit die innere Quelle wieder fließen kann. In einer hektischen lärmenden Welt braucht es die Ruhe, um die Kraft zu entdecken, die in uns liegt. Menschen, die die Stille erfahren, werden wieder gestärkt für den Alltag. Sie haben aus ihrer inneren Quelle getrunken.

Nur keine Hetze

Wer ruhig ist, der ist bei sich. Er ist in Berührung mit seiner inneren Kreativität. Nur wer bei sich ist, kann die Dinge klären. Wer gehetzt von einem Termin zum andern jettet, der wird zwar viel tun. Aber es wird wenig dabei herauskommen. Das deutsche Wort „Hetze" kommt von Hass. Wer sich selbst hasst, der ist nicht kreativ. Er wird sich zwar ständig antreiben, aber nicht, weil er Lust hat, etwas anzupacken, sondern weil er sich selbst nicht achtet. Und wer sich nicht achtet, der wird nichts Beachtenswertes vollbringen. Wer bei sich ist, dem werden die Lösungen eher einfallen und er wird die Probleme wirklich angehen. Wer vor sich davonläuft, der ist zwar ständig in Aktion. Aber er weiß oft gar nicht, wohin er läuft. Oft genug rennt er vor seinem eigenen Schatten davon. Doch gerade auch im Schatten liegt oft ein wichtiges Lebenspotenzial. Wenn ich vor dem Schatten davonlaufe, wird er mich verfolgen. Eine chinesische Geschichte erzählt von einem Mann, der vor seinem Schatten floh. Immer wenn er zurücksah, nahm er den Schatten wahr. Er lief schneller und schneller. Aber immer noch war der Schatten hinter ihm her. Schließlich fiel er tot um. Wer langsam geht, der kommt manchmal schneller ans Ziel. Denn er wird nicht gehetzt vor etwas davonlaufen. Er geht auf das zu, was wichtig ist.

Langsam – Schritt für Schritt

Unsere Lebenswelt und unser beruflicher Alltag sind in aller Regel von einem schnellen Tempo geprägt. Da tut es gut, einmal bewusst einen Gegenakzent zu setzen. Am besten, man sucht sich einen kleinen Weg aus, den man ganz bewusst langsam geht. Jeden Tag. Das kann das Treppensteigen sein. Es kann der Weg zum Briefkasten sein. Oder der Weg in den Garten. Es kann ein Weg sein, den du sowieso jeden Tag gehst. Es kann aber auch ein Weg sein, den man bewusst als Ritual gestaltet, indem man etwa eine Runde in seinem Garten dreht.

Versuche, ganz langsam zu gehen. Setze Schritt vor Schritt. Spüre mit deinen Händen den Lufthauch. Es ist gut, wenn du dabei für dich allein bist, ohne Zuschauer. Aber indem du extrem langsam gehst, spürst du, was es heißt, ganz im Augenblick zu sein, was es bedeutet, Schritte zu tun, zu gehen, die Welt zu erle-

33

ben. Du bist ganz in deinem Gehen. Du musst nichts leisten. Du musst dich nicht konzentrieren. Du wirst sehen, dass das extrem langsame Gehen dich innerlich verlangsamt. Du wirst wahrnehmen, wie du in deinem Herzen ankommst. Wenn du das täglich übst, wirst du eine Veränderung in dir feststellen. Du kannst den langsamen Weg entweder an eine bestimmte Zeit (am Morgen oder am Abend beim Nachhausegehen von der Arbeit) oder an einen bestimmten Ort (den Flur deiner Wohnung, das Treppenhaus, den Gang zum Briefkasten) binden. Dann wirst du jeden Tag etwas von der Verlangsamung deines Lebens spüren. Es wird dir neue Kraft geben auch für die Arbeit, bei der es dann durchaus schnell gehen darf.

Trau der Liebe, werde Mensch

Wir alle sehnen uns nach Liebe und Freundschaft. Trau der Liebe, die Menschen in dir hervorlocken. Trau der Liebe, die du zu einem Freund oder einer Freundin spürst. In jeder Liebe ist etwas Lauteres und Reines. In jeder menschlichen Liebe, auch wenn sie noch so festhalten möchte, ist etwas von der reinen Gottesliebe. Lass dich in deinem Herzen von der Liebe berühren, die dir entgegenkommt oder die in dir auf- flammt. Gott selbst berührt dich dabei und öffnet dich für das Geheimnis einer klaren und lauteren Liebe, die allen und allem gilt. In dieser Liebe bist du in Gott, und in dieser Liebe wirst du erst ganz zum Menschen, so wie Gott ihn gedacht hat.

Die Liebe ist die entscheidende Wirklichkeit unseres Lebens. In deiner Liebe, auch wenn sie noch so ver- mischt ist mit Besitzansprüchen und Habenwollen, leuchtet immer auch etwas auf von der spirituellen

Liebe, die deine tiefste Sehnsucht nach Liebe erfüllt. Traue deiner Liebe, aber gehe deiner Liebe auch auf den Grund, damit du dort Gott findest als die eigentliche Quelle deiner Liebe. Und folge deiner Liebe bis zum Ende. Dann wird sie dich zu Gott führen, der nicht nur liebt wie wir, sondern der die Liebe selber ist.

Komm in Berührung

Nur wenn ich mit mir in Berührung bin, kann ich mit anderen Menschen in Berührung kommen. Ich habe dann keine Angst mehr, dass der andere in mir etwas entdecken könnte, was ich vor mir verborgen habe. Wenn ich selber eingetreten bin in das Haus meines Leibes und meiner Seele, wird es mir auch möglich, den anderen in mein Haus eintreten zu lassen. Ich kann ihm alles zeigen, was in mir ist, weil ich es mir selbst erlaubt habe, dass mein Lebenshaus so aussieht. Die Beziehung zu mir selbst nimmt mir die Angst vor der Nähe des anderen. Weil ich mir nahe geworden bin, vermag ich auch die Nähe des anderen nicht nur zuzulassen, sondern sie sogar zu genießen. Weil ich mir Freund bin, kann ich auch mit einem anderen Freund sein. Ich erlebe die Beziehung zu ihm als etwas Bereicherndes. Ich will nicht in ihn eindringen und ihn ausforschen. Ich kann das Geheimnis dieses Menschen spüren, der so anders ist als ich. Beziehung zum anderen wird nur möglich, wenn ich ihn nicht bewerte, sondern einfach nur spüren möchte. Das nimmt dem anderen die Angst vor mir. Wo Angst ist, kann wahre Liebe nicht sein.

Mehr braucht es nicht

In der Liebe bin ich einfach ich selbst. Ich zeige mich, wie ich bin. Ich habe nichts zu verstecken. Ich muss nicht mit irgendwelchen Leistungen prahlen, ich bin mit mir zufrieden, weil ich den Geschmack der Liebe in mir koste. Die Liebe macht das Leben lebenswert. Ich brauche nicht Bestätigung und Anerkennung. Die Liebe handelt nicht ungehörig, unanständig. Sie ist nicht formlos und hässlich. Die Liebe entspricht vielmehr dem Wesen des Menschen, und sie macht ihn schön. Sie bringt ihn in die Gestalt, die ihm angemessen ist.

Die Liebe schaut nicht auf ihren Vorteil, sie sucht nicht das Eigene. Sie kreist nicht um sich selbst. Sie muss sich nicht behaupten, weil sie einfach da ist. Sie benutzt den andern nicht für sich, sondern nützt ihm. Sie erwartet nicht vom andern das Glück, sondern möchte ihn beglücken. Sie presst den andern nicht aus, um sexuelle Lust zu erfahren, sondern will mit ihm eins werden. Die Liebe ist frei von dem ständigen Kreisen um sich selbst, das der Angst entspringt, zu kurz zu kommen. Die Liebe kommt nicht zu kurz. Wer von Liebe erfüllt ist, der hat genug, der muss nicht immer noch mehr haben.

Liebe und tu, was du willst

Oft glauben gerade spirituell ernsthaft suchende Menschen, es brauche komplizierte Übungswege oder ganz bestimmte Methoden. Aber es genügt, wenn du die Liebe zu deinem Programm machst. „Liebe und tu, was du willst" hat schon Augustinus gesagt. In meiner Jugend hat man mir auch immer gepredigt, ich solle alle Menschen lieben. Aber ich habe diese Liebe als etwas Anstrengendes erlebt. Ich musste alle meine Regungen kontrollieren, dass von mir kein unfreundliches Wort oder kein abweisender Blick ausging. Liebe kann man nicht erzwingen. Trau der Liebe, die in dir ist. In dir ist schon Liebe. Du musst sie nicht aus dir herauspressen. Folge der Spur deiner Liebe. Sie führt dich zu Gott. Sie öffnet dich für die Menschen. Sie treibt dich zum Leben. Sie erfüllt dich mit Freude und Glück.

Die Liebe ist wie ein Geschenk, das uns zufällt. Auf wen die Liebe fällt, der wird verzaubert. Die Blumen sind Ausdruck der Liebe. Wem man Blumen schenkt, dem wünscht man, dass die Liebe auf ihn fällt und dass er gute Erfahrungen mit der Liebe machen möge.

In jedem von uns steckt die Sehnsucht nach Liebe. Bring die Menschen in deiner Umgebung mit ihrer Liebe in Berührung. Wenn du am Valentinstag einem anderen Blumen schenkst, dann sagst du ihm damit auch: „Ich sehe in dir deine Sehnsucht nach Liebe. Ich wünsche dir, dass du an die Liebe glaubst, die in dir ist. Trau dich, zu lieben und geliebt zu werden. Lass dich von der Liebe verzaubern, lass dich von ihr hineinführen in das Geheimnis einer tieferen Liebe, die deine wahre Sehnsucht erfüllt."

Öffne dein Herz

Wenn ich mein Herz nur dem anderen öffne, damit ich beschenkt werde, gehe ich leer aus. Wenn ich mein Herz öffne, weil der andere mich interessiert, weil ich seine Not spüre, weil ich mit ihm fühle, weil ich ihm helfen möchte, dann werde ich reich beschenkt. Wenn ich gebe, weil ich selber Zuwendung oder Bestätigung brauche, dann fühle ich mich bald verausgabt. Wenn ich aber gebe, weil ich selbst genügend Liebe empfangen habe und immer wieder von Gott empfange, dann werde ich auch selber bereichert, indem ich gebe. Wenn der andere sich von mir verstanden fühlt und erleichtert von mir weggeht, dann fühle ich mich selbst auch beschenkt. Durch mich ist jemand mehr zum Leben gekommen. Das weckt in mir ein Gefühl der Dankbarkeit und der Freude.

Genieße das Leben!

Die Weisheit der verschiedenen Völker gleicht sich. Schon das Buch Kohelet, das jüdische und griechische Weisheit miteinander verbindet, fordert den Menschen auf, das Leben zu genießen. „Denn das ist dein Anteil am Leben." (Koh 9,9) Der Mensch weiß nicht, wie lange sein Leben währt und wie lange Gott ihn das Leben genießen lässt. Daher soll er den jetzigen Augenblick auskosten. Den hat Gott ihm geschenkt.

„Genieße das Leben. Es ist später als du denkst!" Dieses Wort ist eine Weisheit, die in China so formuliert wurde. Dieses chinesische Sprichwort gibt eine ähnliche Begründung für den Genuss des Lebens an wie das biblische Buch: „Es ist später als du denkst." Es hat wenig Sinn, den Genuss auf später zu verschieben. Du weißt nicht, wie viel Gelegenheit dir noch zum Genießen bleibt. Es ist immer später als wir denken. Unsere Zeit ist begrenzt. Dies galt früher, und es gilt heute. Auch uns lädt Gott jetzt dazu ein, den Augenblick zu genießen. Wenn wir ganz im Augenblick sind, werden wir entdecken, dass er uns alles bietet, was wir erwarten: reine Gegenwart, Fülle des Seins, Schönheit und Leben.

Nahrung für die Seele

Heilsam für die Seele ist, dass sie sich geliebt weiß und sich auch selbst liebt, mit allem, was in ihr ist. Und heilsam ist, wenn die Seele atmen kann. Viele Menschen sind nicht in Berührung mit ihrer Seele. Sie leben nur an der Oberfläche. Dieses Abgeschnittensein von ihrer Seele macht die Seele krank. Nur wenn wir den inneren Zugang zur Seele bekommen, kann sie aufleben und sich entfalten. Die Seele braucht Nahrung. Das ist einmal die Liebe, die der Seele guttut, aber auch geistige Beschäftigung. Manche werden krank, weil sie der Seele keinen Raum geben. Die Seele braucht Flügel, Leichtigkeit und Weite. Wer ihre Flügel stutzt und ihren Raum einengt, der nimmt der Seele ihre Kraft.

So blüht das Leben auf

Wir wollen immer gesund sein. Aber auch wenn wir noch so sehr für unsere Gesundheit sorgen – durch gesunde Ernährung und gesunde Lebensweise wie Sport usw. –, haben wir keine Garantie für dauernde Gesundheit. Normalerweise werden wir immer wieder auch krank. Georg Christoph Lichtenberg, der deutsche Aphoristiker und Physiker (1742–1799), meinte einmal: „Das Gefühl der Gesundheit erwirbt man durch Krankheit." Gesundheit und Krankheit gehören zusammen. Wenn wir krank sind, sehnen wir uns nach Gesundheit und lernen, die Gesundheit zu schätzen. In der Krankheit spüren wir, dass Gesundheit nicht selbstverständlich ist, sondern ein Geschenk, für das wir dankbar sein dürfen. In der Krankheit fühle ich mich schlapp. Ich habe das Gefühl, dass ich nie mehr zu Kräften komme. Umso angenehmer ist dann die Erfahrung, dass wir neue Lust bekommen, aufzustehen, zu arbeiten, auf andere zuzugehen. Die

Krankheit führt uns in die Schwäche. Die Gesundheit motiviert uns wieder, das Leben zu gestalten und etwas zu arbeiten. Und wir spüren neue Liebe. In der Krankheit kreisen wir um uns selbst. Da spüren wir wenig Liebe zum andern. Sigmund Freud – so berichtet Dorothee Sölle – soll auf die Frage, wie denn der gesunde Mensch aussehen würde, geantwortet haben: „Dieser Mensch ist fähig, zu arbeiten und zu lieben." Gesundheit ist mehr als das Fehlen von Krankheit. Es ist die Fähigkeit, sich wohlzufühlen und aus diesem Gefühl des inneren Einklangs sich auf das Leben einzulassen, sich auf die Arbeit einzulassen und sich der Liebe hinzugeben. Nur so wird das Leben fruchtbar und blüht auf.

Eine Liebe, die mehr ist

Es gibt eine Liebe, die allen gilt, allen Menschen, den Tieren, den Blumen, einer Tätigkeit. Es gibt die Liebe zum Augenblick. Lieben ist offensichtlich mehr, als in einen anderen verliebt zu sein. Liebe meint die wohlwollende Zuwendung zu allem. Ein Mensch, der ganz Liebe ist, geht liebevoll mit sich selbst um, er berührt zärtlich die Blume in seinem Zimmer, er streichelt den Hund, der ihm begegnet, er kann liebevoll die Landschaft betrachten. Er strahlt eine Wärme und Liebe aus, die jedem guttut, der in seine Nähe kommt. Seine Liebe ist nicht gekünstelt. Er muss sie nicht seiner Aggressivität abringen. Wer aus dieser Quelle lebt, hat Verständnis für die Menschen in seiner Umgebung. Er reagiert barmherzig und milde und verzichtet auf hartes Urteilen.

Zugehörig sein

Der irische Schriftsteller John O'Donohue hat bedenkenswerte Aussagen zum Thema Zugehörigkeit gemacht: „Unser Hunger nach Zugehörigkeit ist die Sehnsucht, die Distanz zwischen Isolation und Intimität zu überbrücken. Jeder sehnt sich nach Intimität und träumt von einem Nest der Zugehörigkeit, in dem er geborgen ist, in dem er erkannt und geliebt wird. In jedem von uns schreit etwas nach Zugehörigkeit. Wir können alles haben, was die Welt an Ansehen, Erfolg und Besitz zu bieten hat; doch ohne ein Gefühl der Zugehörigkeit erscheint alles leer und sinnlos. Wie der Baum, der tief in die Erde Wurzeln treibt, braucht jeder von uns den Anker der Zugehörigkeit, um den Sturmwinden nachgebend standhalten und zum Licht wachsen zu können. So wie der Ozean immer wieder zum selben Ufer zurückkehrt, schenkt uns ein Gefühl der Zugehörigkeit die innere Freiheit, dem Rhythmus von Verlust und Sehnsucht rückhaltlos zu vertrauen;

es behütet uns außerdem vor der Einsamkeit des Lebens." O'Donohue sieht also in der Sehnsucht nach Zugehörigkeit ein uraltes Bedürfnis des Menschen, das seiner Natur entspricht. Denn von seinem Wesen gehört er zur Natur. Und nur wenn er sich eins fühlt mit der Natur, kommt er an seine Kraft. Und von seinem Wesen her ist er ein soziales Wesen. Und nur wenn er sich eins fühlt mit der Gemeinschaft, kann er all die Fähigkeiten entfalten, die in ihm stecken, kann er wirklich aufblühen. Der Mensch braucht auch ein Umfeld, um aufblühen zu können.

Tun, was in unserer Hand liegt

Die Gesundheit ist kein Besitz, den wir festhalten können. Schon die griechischen Ärzte wollten uns einen Weg zum gesunden Leben zeigen. Wir sollen demnach so leben, dass es unserem Wesen entspricht. Und wir sollen im Einklang mit Gott leben. Dann werden wir gesund. Doch keiner von uns lebt immer im Einklang mit Gott, keiner von uns ist immer gesund. Wir sollen das tun, was in unserer Hand liegt: gesund zu leben, uns gesund zu ernähren, genügend Bewegung zu haben, maßvoll in allem zu sein. Aber wir haben keine Garantie für 80 gesunde Jahre. Unser Leib fordert unsere Seele heraus, eine gesunde und maßvolle Lebenseinstellung zu entwickeln, die unserer körperlichen Gesundheit guttut. Die Seele sorgt für den Leib. Aber sie hat den Leib nicht so im Griff, dass sie ihn immer gesund halten könnte. Wenn der Leib krank wird, dann verweist er unsere Seele darauf, dass wir nach innen gehen, in den inneren Raum der Stille, in dem wir heil sind und ganz. Dort im innersten Kern hat die Krankheit keine Macht über uns. Der spirituelle Weg lehrt uns Zugänge zu dem inneren Raum der Stille, in dem die Krankheit keinen Zugriff zu unserem wahren Selbst hat. Von daher ist der spirituelle Weg immer auch ein heilender Weg. Er bringt uns in Berührung mit der Quelle der Selbstheilungskräfte, die in uns selbst schlummern.

Lass dir Raum zum Atmen

Wir brauchen die frische Luft, damit wir genügend Sauerstoff atmen können. Wir sollen nicht nur unsere Zimmer gut lüften, sondern auch oft genug an die frische Luft gehen, damit sich unser Leib und unsere Seele daran erfrischen können. Aber es geht nicht nur um die Luft, die uns äußerlich umgibt. Ein entscheidender Weg zu gesundem Leben ist der Atem. Ein flacher Atem zieht die Stimmung nach unten und kann depressiv machen, wenn er immer flach bleibt. Es gibt heute viele Formen von Atemtherapie. In den Siebzigerjahren war ich oft bei Graf Dürckheim, einem Psychotherapeuten der Jung'schen Schule, der Psychologie und Zen-Meditation miteinander verbunden hat. Für ihn war der Atem beides: ein Barometer, das mir anzeigt, wie es um mich steht, und zugleich ein Instrument, mit dem ich in mir etwas verändern kann. Wenn ich unruhig atme, zeigt mir mein Atem meine innere Unruhe. Indem ich den Atem bewusst ruhig fließen lasse, werde ich auch in meiner Seele ruhiger.

Viele hindern sich beim Sprechen, weil sie nicht gut dabei atmen. So wird ihre Stimme hohl und leer. Sie erreichen mit ihrer Stimme niemanden, weil sie abgeschnitten ist von einem guten Atem. Wenn wir mit dem Atem üben, dann geht es zunächst einmal darum, den Atem nicht aktiv einzuziehen, sondern ihn einfach kommen zu lassen. Dann sollen wir auf das langsame Ausatmen Wert legen. Beim Ausatmen stellen wir uns vor, dass der Atem in den Beckenraum hineingeht. Im langsamen Ausatmen lassen wir unsere Gedanken los, lassen wir das Festhalten an uns selbst los.

Achtsam und bewusst

Bevor wir im Äußeren nach Hilfen für unsere Gesundheit suchen und vorschnell zu Medikamenten greifen, sollten wir das üben, was uns täglich geschenkt wird: Täglich schauen wir in das Licht des Tages, das gratis für uns scheint. Nehmen wir bewusst den Unterschied des Lichtes am Morgen und am Abend, im Winter, Frühling, Sommer und Herbst wahr! Jede Lichtqualität hat eine heilende Wirkung. Und wir sind immer und überall von Luft umgeben. Spüren wir sie mit Achtsamkeit, wenn wir sie einatmen! Achten wir, dass in den Räumen genügend frische Luft ist und dass wir uns Zeit nehmen, an die frische Luft zu gehen, uns dem Licht und der Luft auszusetzen! Wir atmen in jedem Augenblick. Wir brauchen nur das, was wir immer tun, bewusster tun und so, dass es unserem Wesen entspricht. Dann werden wir die heilsame Wirkung von Licht und Luft täglich erfahren.

In der lebendigen Schöpfung

Die ganze Schöpfung ist durchdrungen vom Geist Gottes, von einer unbändigen Lebenskraft. Wenn wir im Frühling durch die Wiesen und Felder und Wälder wandern, dann strömt uns von überall Lebendigkeit entgegen. Diese Lebendigkeit, diese Lebenskraft, die die Natur zum Blühen bringt, ist auch in uns. Indem wir bewusst durch die Natur wandern, haben wir Anteil an dieser Lebenskraft. Wir spüren, dass wir nicht ausgebrannt oder innerlich vertrocknet sind. Dieses Leben, das wir um uns herum sehen, das regt sich auch in uns. Die Sonne, die uns bescheint, bringt uns in Berührung mit der inneren Glut. Der Wind treibt alle Müdigkeit und alles Verstaubte aus uns heraus. Das Wasser des Flusses oder des Sees, an den wir uns setzen, wirkt heilend und belebend auf uns. Ich kenne viele Menschen, die das Sitzen an einem See erfrischt. Sie schauen auf die Stille des Wassers und kommen mit ihrer eigenen Seele in Berührung. Unser Wort Seele hängt ja seiner Herkunft nach mit dem Wort See zusammen. Menschen beobachten die Wellen und haben das Gefühl, dass sie alles Trübe in ihnen reinigen. Das Wasser wirkt beruhigend auf sie. Aber es birgt auch die Verheißung, dass da auch in ihnen ein Wasserstrom ist, der nie versiegt, weil er aus der Unendlichkeit Gottes kommt.

Die Natur bewertet auch nicht. Da darf ich einfach sein, wie ich bin. Und so kann ich ausruhen und mit meiner inneren Quelle in Berührung kommen. Wenn ich jedoch auf einer Bank am Waldrand sitze und dabei ständig nachgrüble, was ich alles verkehrt gemacht habe und warum ich in diesen schlimmen Zustand geraten bin, dann werde ich mich nicht erholen. Ich schneide mich selber von meiner inneren Quelle ab durch mein Bewerten und Beurteilen. Ich kann mich aber auch auf die Bank setzen und einfach die Natur genießen: den Wind spüren, der um mein Gesicht streicht und mich zärtlich streichelt, die Sonne fühlen, die mich bescheint. Dann fühle ich mich geborgen. Die Natur hat etwas Mütterliches. Ich fühle mich von der Mutter Natur getragen, geborgen und genährt.

Für viele ist es heilsam, sich in der Natur einfach ruhig niederzulassen und das Leben um sich herum zu genießen. Andere dagegen kommen mit ihrer Quelle in Berührung, wenn sie in der Natur wandern oder wenn sie bergsteigen. Dabei strengen sie sich an. Sie wandern lange, sie schwitzen beim Bergsteigen. Man könnte meinen, die Anstrengung würde sie eher erschöpfen. Aber es entsteht eine gute Müdigkeit, in der sie sich selbst spüren. Und in dieser Müdigkeit vergessen sie die innere Zerrissenheit, die das Kennzeichen eines Burnout ist. Sie spüren sich selbst. Und wenn sie sich selbst spüren, wenn sie sich im Leib spüren und die Müdigkeit genießen, dann fühlen sie sich trotz aller Müdigkeit innerlich erfrischt. Sie kommen in Berührung mit ihrer inneren Quelle.

Eins mit der Natur

Die bewusste Wahrnehmung der Natur kennt viele Weisen. Wenn ich im Sommer nach unserem morgendlichen Chorgebet die Natur meditiere, spüre ich eine tiefe Verbundenheit und eine intensive Freude. Ich gehe durch die Bachallee, rieche den morgendlichen Geruch, nehme den Tau wahr, der sich an den Gräsern gebildet hat, bewundere die aufgehende Sonne, die den Tag in ein angenehmes Licht hüllt. Manchmal stelle ich mich dann in der Gebärde der Orante in die Natur und spüre die Weite der Schöpfung, die Frische des Morgens, den zärtlichen Wind und die Sonne, die noch nicht wärmt, aber doch mit ihrem Licht mich durchdringt. Im Urlaub nehme ich mir oft Zeit, in die Natur hinauszuwandern und dann längere Zeit auf einer Bank oder einer Wiese zu sitzen. Einfach nur die Natur zu spüren ist schon eine heilsame und gute Erfahrung. Ich höre die Vögel zwitschern, die Grillen zirpen, die Gräser im Wind leise rauschen. Ich schaue, ich spüre mit meiner Haut, ich höre die Stille der Natur und ich rieche den Geruch, den gerade dieser Ort ausstrahlt. Dann fühle ich mich eins mit der Natur.

Lebendig und geborgen

Ich spüre in der Natur eine Lebendigkeit, die immer wieder aufbricht, die alles Erstarrte aufbricht. Gerade im Frühling erlebe ich diese Lebendigkeit, das frische Grün, das auf einmal die Erde neu macht. Indem ich durch die Natur gehe, spüre ich diese Lebendigkeit auch in mir. Es ist letztlich der Geist Gottes, der die Natur durchdringt und erfüllt und zugleich mich lebendig hält. Von der Natur geht die Hoffnung aus, dass auch in mir alles Erstarrte wieder lebendig wird, uns alles Erschöpfte wieder erfrischt. Natürlich erfahre ich das nur, wenn ich die Natur nicht mit dem Blick anschaue, wie weit ich sie für mich ausnutzen kann. Der tröstende Blick in die Natur nimmt die Natur einfach wahr, sowohl die wilde und unberührte als auch die kultivierte Natur. Beides hat seinen Reiz: der Urwald und der gepflegte Wald oder die kultivierte Landschaft mit den Feldern, die sie prägen.

Zum andern fühle ich mich in der Natur geborgen. Wenn ich mich auf eine Wiese lege, spüre ich einen festen Grund, und ich fühle mich zugehörig. Es ist die mütterliche Dimension der Natur. Die Natur ist wie eine große Mutter, die mich nährt, die mich hält und trägt und mir Geborgenheit schenkt. Wenn ich mit dem Zug fahre und in die Landschaft schaue, so hat sie etwas Bergendes. Oder wenn ich auf einer Bank sitze und zwischen den Wäldern und Feldern kleine Dörfer sehe mit ihrer Kirche im Mittelpunkt, dann geht von diesem Blick Frieden aus. Ich spüre, dass die Menschen eingebunden sind in die Natur. Und in diesem Augenblick fühle ich mich selbst eingebunden. Die Landschaft hat etwas Mütterliches an sich, das Gefühle von Heimat und Geborgenheit in mir hervorruft.

Bewegung tut gut

Es tut uns gut, zu wandern und zu laufen, uns zu bewegen. Manche Menschen, die zu wenig Bewegung haben, werden nicht nur körperlich krank. Sie klagen oft auch über depressive Verstimmungen. Die Bewegung lässt uns nicht nur unseren Körper intensiver spüren, sie tut auch unserer Seele gut. Bewegung ist Leben. Sie hält uns lebendig, lockert Verspannungen, fördert die Durchblutung und aktiviert, wie die Mediziner heute wissen, auch das Gehirn. Durch das Laufen werden viele Muskeln in Tätigkeit versetzt. Das wirkt sich heilsam auf den ganzen Körper und auf die Seele aus. Außerdem werden durch die Bewegung Glückshormone ausgeschüttet, so dass auch die seelische Stimmung sich aufhellt.

Gerade aktive Menschen erfahren die Quelle ihrer Kraft eher im Wandern als im stillen Sitzen. Wenn sie auf einen Berg steigen, kommen sie mit ihrer Energie in Berührung. Wenn sie vorher noch so erschöpft waren, noch so frustriert von der Arbeit, so bringt sie das Wandern wieder mit ihrer inneren Quelle in Berührung. Sie schwitzen vielleicht beim Bergsteigen und fühlen sich müde. Doch trotz der Anstrengung erleben sie eine innere Frische. Neue Kraft strömt in sie ein. Die Sorgen des Alltags sind wie weggewischt. Der Kopf ist wieder frei. Andere fahren nach der Arbeit Fahrrad. Dabei können sie sich freitreten von allem, was sie belastet. Sie genießen die Landschaft mit ihrer Weite und spüren, wie das Herz auch weit wird. Die Erfahrungen, die wir in der Natur machen, beim Wandern, beim Radfahren und Ähnlichem sind deshalb so heilsam für uns, weil sie uns mit wichtigen Erlebnissen in der Kindheit in Berührung bringen und weil sie uns neu und intensiv bewusst machen: In der Schöpfung Gottes ahnen wir etwas von der unerschöpflichen Fülle des Lebens, an der wir teilhaben dürfen.

Freuden wiederbeleben

Sage das nur, ob dein Herz/ Noch der Kindheit Lust empfinde." Für den schwäbischen Dichter Ludwig Uhland ist die Kindheit voller Lust. Kinder vermögen noch Lust zu empfinden. Sie geben sich lustvoll dem Spielen hin. Wenn sie etwas geschenkt bekommen, können sie sich von Herzen freuen und ihrer Freude hüpfend mit ihrem ganzen Körper Ausdruck verleihen. Viele Erwachsenen haben den Eindruck, dass sie selbst sich nicht mehr zu freuen vermögen. Zu oft sind sie enttäuscht worden. Eine Form der Therapie bestünde darin, sich an die Lust der Kindheit zu erinnern. Ich kann die Lust zwar nicht wieder in mir hervorrufen. Doch allein die Erinnerung kann mich in Berührung bringen mit meiner Fähigkeit, Lust zu empfinden. Und wenn ich in meinem Herzen diese Fähigkeit, Lust zu empfinden, wiederentdeckt habe, dann werde ich auch fähig, mich wieder über die kleinen Dinge des Alltags zu freuen. Dann bekomme ich wieder Lust, einfach zu spielen, etwas zu tun, was keinen Nutzen bringen muss, womit ich keine Erwartung von außen zu erfüllen habe. Wenn ich in mein Herz hineinspüre und die Lust der Kindheit nicht mehr darin entdecken kann, dann wäre es an der Zeit, mich mit den Widerständen zu befassen, die mich daran hindern, mit meiner eigenen Seele und ihrer Lust in Berührung zu kommen. Vielleicht sind es traumatische Verletzungen, vielleicht Enttäuschungen. Ich muss all diese Widerstände anschauen, um durch die Wunden und Verhärtungen hindurch in den Grund meiner Seele zu gelangen, in dem die Freude bereitliegt und darauf wartet, wiederentdeckt und belebt zu werden.

Gönn dir Muße

Die griechischen und römischen Philosophen haben das Lob der Muße gesungen. Die Muße ist die freie Zeit der Ruhe. Sie meint aber nicht den Müßiggang, bei dem man nicht weiß, was man anfangen kann. Gegenüber dem leeren Müßiggang ist die Muße jedoch die Zeit, um über die wesentlichen Dinge des Lebens nachzudenken. Die Muße ist der Ort, innezuhalten, um im Inneren Halt zu finden. Wer ausgebrannt oder erschöpft ist, hat seine innere Mitte verloren. In der Muße geht es darum, in seiner Tätigkeit anzuhalten, nach innen zu gelangen und sich dort aufzuhalten. Das mittelhochdeutsche Wort „haltaere" bezeichnet auch den Hirten, den Bewahrer, den Empfänger und den Erlöser. Wenn ich in meinem Inneren Halt finde, dann bewahre ich mein wahres Selbst. Ich werde zum Hirten meiner selbst. Dann löst sich all das, was mich gefangen hält. Ich fühle mich frei. Ich empfange mich gleichsam neu. Ich werde neu geboren.

Wer in Gefahr ist auszubrennen, soll sich beizeiten immer wieder Muße gönnen. In der Muße gehe ich nach innen. Und ich erlaube mir, jetzt einmal nichts zu tun. Ich denke nicht an den Druck, den ich bei der Arbeit oder in Beziehungen spüre. Ich gönne mir die freie Zeit. Ich schaue nach innen und finde dort Halt und Geborgenheit. Ich erneuere mich, indem ich nach innen gehe und dort meinem wahren Selbst auf die Spur komme.

Bei mir daheim

Wie komme ich dazu, bei mir daheim zu sein? Es gibt verschiedene Wege dazu: Ein Weg ist die Stille. Ich bleibe stehen. Ich setze mich hin und versuche, die Stille um mich herum und die Stille in mir wahrzunehmen. Ich spüre mich selbst in der Stille. Und ich stelle mir vor, dass mich Gottes heilende und liebende Gegenwart einhüllt. Entscheidend ist, dass ich mich in der Stille nicht bewerte. Es werden in der Stille alle möglichen Gedanken und Gefühle hochsteigen. Aber wenn ich sie anschaue und mir vorstelle, dass unterhalb all dieser Gedanken und Gefühle Gott selbst in mir wohnt, dann kann ich auch in mir selbst wohnen. Und ich kann mir vorstellen, dass unterhalb der lärmenden Gedanken in mir selbst ein Raum der Stille ist. Ich muss diesen Raum nicht schaffen. Er ist in mir. Ich kann in ihn eintauchen.

Ein anderer Weg ist, stille Räume aufzusuchen. Es gibt Kirchen, die gebaute Stille sind. Es gibt in der Natur

Orte der Stille. Wenn ich mich an solche Orte setze und auf die Stille um mich herum horche, dann fühle ich mich auch daheim. Dann bin ich umgeben von heilsamer Stille. Und diese Stille ist ein wesentliches Merkmal von Heimat.

In der Stille der Natur, in der Stille des Elternhauses erahnt man die Heimat um sich herum. Wenn ich die äußere Stille genießen kann, komme ich auch mit meiner inneren Stille in Berührung. Und dann kann ich es bei mir aushalten. Dann bin ich nicht nur an diesem Ort daheim, sondern in mir selbst. Wer aber bei sich selbst daheim ist, von dem geht eine Ausstrahlung aus, die es auch andern ermöglicht, in seiner Nähe sich daheim zu fühlen. Und wer bei sich selbst daheim ist, ist überall daheim.

Lass dich nicht hetzen

Im Urlaub geht es darum, sich zu erholen. Aber nicht jeder, der Urlaub macht, erholt sich. Das deutsche Wort „Erholung" meint, dass ich mir hole, was ich brauche und was mir genommen wurde, wenn ich nur für andere da war. Viele sind heute unfähig, sich zu erholen. Denn die Voraussetzung der Erholung ist, dass ich mir etwas gönne und dass ich mich selber gerne habe. Viele können heute keinen Urlaub machen, weil sie sich nicht gern haben, weil sie sich selbst nicht lieben. Für sie ist der Urlaub ein einziger Stress. Sie müssen viel erleben, weil sie nicht fähig sind, wirklich zu leben, weil sie nicht bei sich sind. Sie können nicht im

Augenblick leben. Doch die Fähigkeit zu leben, hat mit der Fähigkeit zu tun, ganz im Augenblick zu sein, ganz bei mir und in mir zu sein. Viele sind im Urlaub auf der Flucht vor sich selbst. Sie lieben sich nicht, sondern sie hassen sich. Deshalb sind sie auch im Urlaub gehetzt. Sie hetzen von einem Ort zum anderen, um vor sich selbst davonzulaufen. Erholen heißt, dass ich mich selbst herbeihole, dass ich ganz im Augenblick bin. Ohne diese Fähigkeit nützt der teuerste Urlaub nichts.

Freudige Lebendigkeit

Im Urlaub muss ich keine großen Reisen machen, ich erhole mich am besten, wenn ich mit meinen Geschwistern im Gebirge wandere. Dabei weiß ich mich in Gemeinschaft mit meinen Geschwistern. Und doch wandere ich oft schweigend und gehe allein meinen Weg. Ich bin dann ganz im Wandern, lasse mich auf die Schritte ein. Ich überlasse mich dem Schwitzen, wenn es bergauf geht. Dieses gleichmäßige Gehen, das manchmal durchaus anstrengend ist, tut meinem Körper gut. Ich spüre, dass mein Körper noch leistungsfähig ist. Ich fühle ihn. Ich bin ganz in meinem Leib. Und ich spüre die Natur um mich herum. Natürlich ist es dann schön, nach einer Stunde eine kurze Rast zu machen und die wunderbare Landschaft zu betrachten, die felsigen Berge, die grünen Wiesen, die kleinen Gebirgsseen. Und am Gipfel, an dem ich erschöpft ankomme, dann eine ausgiebige Rast und Brotzeit zu halten, das tut meinem Leib und meiner Seele gut. Es ist eine freudige Lebendigkeit, die ich dann erfahre: Die Anstrengung des Gehens wird belohnt durch die wunderbare Aussicht, durch das Ausruhen und Genießen der eigenen Müdigkeit. Ich setze mich bequem nieder und bin stolz, diesen Weg geschafft zu haben. Und ich teile gerne die Freude über den Gipfel und den gemeinsamen Weg mit meinen Geschwistern. Wir essen miteinander, unterhalten uns, freuen uns aneinander und miteinander.

Entscheide dich für das Leben

Ich kenne Menschen, die immer etwas zu jammern haben. Wenn man sie nach dem Wetter fragt, jammern sie, dass es entweder zu heiß oder zu kalt ist, zu trocken oder zu regnerisch. Man hat den Eindruck, dass Gott es ihnen nie recht machen kann. Wenn ich sie nach der Arbeit oder nach der Familie frage, geht das Klagen weiter. Nirgends sind sie zufrieden. Solchen Menschen muss man ein Wort von Rainer Maria Rilke bewusst entgegenhalten und sie daran erinnern: „Vergessen Sie nie, das Leben ist eine Herrlichkeit." Rilke hat dies in einem späten Brief geschrieben, als er selber schon krank war. Er bezieht sich nicht auf irgendwelche Eigenschaften des Lebens, weder auf den Erfolg, noch auf die Liebe, weder auf Gesundheit noch auf die Kraft der Jugend. Das Leben an sich ist eine Herrlichkeit: mit seinen Höhen und Tiefen, mit seinen Licht- und Schattenseiten, mit seinem Auf und Ab, mit Schmerz und Freude. Es ist immer spannend, das Leben anzuschauen und staunend zurückzutreten, um seinem Geheimnis nachzuspüren.

Wenn mir jemand vorjammert, wie schlimm alles ist, hat es keinen Zweck, ihm das Positive vor Augen zu führen. Ich habe erlebt, dass ich mir den Kopf darüber zerbrochen habe, was ich denn einem solchen Menschen sagen, auf welche Dinge ich ihn hinweisen könnte, um ihm zu zeigen, wofür er dankbar sein dürfe. Doch bei allem, was ich vorgebracht habe, hatte er neue Einwände. Bei ihm sei das doch alles ganz anders. Ich habe mir dann abgewöhnt, das Positive gegen das Jammern zu setzen. Denn was bringt es, wenn ich selber erschöpft und frustriert aus dem Gespräch gehe und der andere doch keinen Schritt weitergekommen ist? Heute frage ich: Warum brauchst du das Jammern eigentlich? Was bringt es dir, dass du alles so negativ siehst? Was bezweckst du damit, alles negativ zu sehen? Oder ich sage einfach: Du siehst das so. Aber man könnte es ja auch anders sehen. Warum meinst du, dass deine Sichtweise stimmt? Es ist deine Sache, das Leben so zu sehen, wie du es willst. Ich akzeptiere das. Aber ich an deiner Stelle würde mich für das Leben entscheiden, anstatt dagegen.

Wohltuender Rhythmus

Als ich noch jünger war, bin ich mit 30 bis 60 Jugendlichen durch den Steigerwald gewandert. Jeden Tag sind wir etwa 25 bis 30 km gewandert, eine Stunde auch schweigend. Das hat mir gutgetan: durch die Wälder zu gehen, die frische Luft zu atmen, ganz auf das Gehen und auf die inneren Gedanken konzentriert zu sein. Und dann haben wir immer wieder die gemeinsamen Rastzeiten genossen und viel Freude miteinander gehabt.

Das Wandern schafft Gemeinschaft. Aber es lässt auch genügend Raum für die Einsamkeit. Jeder geht seinen Weg allein. Und dann gehen wir wieder miteinander, tauschen uns aus, erfahren, dass einer den andern stützt. Oft war ich dann auch allein im Steigerwald und bin eine Woche allein durch die Wälder gewandert. Auch das war für mich wohltuend, auch wenn ich mich manchmal etwas verirrt habe. Das gleichmäßige Gehen hält den Geist lebendig. Es ist nicht zu anstrengend und tut doch dem Körper gut. Ich spüre, dass ich meinen Rhythmus finde. Und wenn ich in diesem Rhythmus gehe, „geht es" wie von selbst. Da achte ich dann nicht auf die Anstrengung, die es kostet. Es geht einfach weiter. Und im Gehen fühle ich mich im Einklang mit mir selbst, ich fühle mich frei. Ich wandere mich frei von allen Sorgen und Problemen, die mich sonst belasten. Nicht nur der Körper kommt in Schwung, auch der Geist wird frei. Im Gehen kommen oft auch gute Gedanken. Nicht umsonst haben die griechischen Philosophen, die sogenannten Peripatetiker, ihre philosophischen Gedanken im Gehen entwickelt und miteinander ausgetauscht.

Erfrischende Stille

För manche ist die Stille bedrohlich. Sie haben Angst, still zu werden, weil dann ihre Schuldgefühle aufsteigen oder die Ahnung, dass ihr Leben nicht stimmt, dass sie an sich selbst vorbeileben. Für mich ist die Stille heilsam. Ich bin dankbar, dass ich in meiner Klosterzelle in die Stille eintauchen kann. Da stört mich nichts. Ich genieße die Stille. In der Stille habe ich kein Bedürfnis nach Kommunikation. Da bin ich ganz bei mir. Wenn ich dann nach dem Frühchor in meiner Gebetsecke vor der Christusikone meditiere, fühle ich die Stille als einen Raum der Liebe, in dem ich mich geborgen weiß.

Ich tauche in die Stille ein wie in ein frisches Bad. In der Stille verstummen die inneren Gespräche. Da muss ich nichts leisten. Da darf ich einfach sein, wie ich bin.

Reinigend und klärend

Stille ist etwas Vorgegebenes. Ich tauche ein in die Stille, die schon da ist, bevor ich war. Meine Klosterzelle ist still. Der Wald ist still. Die Natur ist still. Eine Kirche atmet oft Stille. Vor allem die romanischen Kirchen sind gebaute Stille. Aber manchmal gelingt es auch heutigen Architekten, Stille in ihren Bauten zum Ausdruck zu bringen. Ich genieße es, durch Wälder zu wandern, in denen ich keinen Autolärm, keine Geräusche von Sägen oder von anderen Maschinen höre, sondern nur natürliche Geräusche: das Rauschen des Windes, das Singen der Vögel, das Rascheln eines Wildes und das Zirpen der Grillen auf einer nahen Wiese. Ich habe dann den Eindruck, unberührter Natur zu begegnen. Die Stille hat etwas Jungfräuliches, Reines an sich. Sie ist nicht beschmutzt vom Lärm der Welt, sie ist klar und lauter. Die Stille reinigt auch mich. Sie klärt all das Trübe, das sich in mein Denken und Fühlen eingeschlichen hat. Und die Stille ist für mich wie Urlaub.

Ich kann mich der Stille überlassen. Und so werde ich selbst still, komme in Berührung mit meinem wahren Wesen, das ich niemandem erklären muss, das einfach nur sein darf. So ist Stille für mich eine echte Tröstung. Sie ist wie ein schützender Raum, in dem ich mich vor dem Lärm der Welt zurückziehe, in dem ich mich geborgen fühle. Aus dieser Erfahrung heraus kann ich innerlich gereinigt wieder in die Welt treten.

Musik verwandelt die Seele

Über die tröstende Wirkung der Musik haben schon viele Menschen geschrieben. Wenn sie traurig sind, hören sie eine bestimmte Musik. Dann wandelt sich ihre Traurigkeit. In der Antike war es vor allem Augustinus, der die tröstende Wirkung der Musik erlebt hat. Er war offensichtlich ein musischer Mensch. Er schreibt von seiner Erfahrung der Musik, die im Gottesdienst erklang: „Die Weisen drangen an mein Ohr, und die Wahrheit flößte sich ins Herz, und fromminniges Gefühl wallte über: die Tränen flossen, und mir war wohl bei ihnen." Die Musik dringt ins Herz. Und sie löst heftige Gefühle aus. Oft sind es spirituelle Gefühle wie bei Augustinus. Manchmal sind es einfach gute, wohltuende Gefühle. Die Stimmung, die in der Musik ertönt, teilt sich uns mit und verwandelt unsere Stimmung. Bei Mozart können wir beide Stimmungen schon in der Musik wahrnehmen: da ist zugleich Traurigkeit und Freude. Mozarts Musik ist nicht einfach nur oberflächliche Heiterkeit. Da gibt es Stellen voller Melancholie. Aber immer wieder wird sie aufgelöst in eine heitere Gewissheit, dass die Freude stärker ist als die Trauer. Darin drückt sich Mozarts optimistische Spiritualität aus. Letztlich ist es sein Vertrauen in Gottes Liebe, die alle menschlichen Abgründe durchdringt und verwandelt.

Eine lösende Macht

Musik ist ein guter Weg, mit meiner inneren Quelle in Berührung zu kommen. Wenn ich Musik höre, kann ich alles um mich herum vergessen: meine Sorgen und Probleme, die Arbeit und die Frage, ob meine Entscheidung richtig war oder nicht. Ich lasse mich in die Musik hinein fallen. Dann spüre ich, dass die Musik mich in neue Räume meines Leibes und meiner Seele hineinführt. Der hl. Augustinus meint sogar, dass die Musik uns in das innerste Seelenhaus hineinführt, in den inneren Grund – in der Sprache der hl. Teresa von Avila: in das innerste Gemach unserer Seelenburg. Dort erklingt die Musik und bringt meine eigene Seele zum Klingen. Alles Erstarrte bricht auf und gerät in Schwingung. Blockaden lösen sich und alles klingt in mir zusammen: das Fröhliche und das Düstere, das Helle und das Dunkle, die Dissonanzen und Konsonanzen. Die Musik bringt das Erstarrte in mir wieder in Bewegung, in Schwingung.

Noch besser ist es, wenn ich selbst Musik mache, wenn ich ein Musikinstrument spiele oder singe. Viele können ihre inneren Sorgen beim Klavierspiel oder beim Cellospielen vergessen. Sie überlassen sich ganz der Musik. So löst der Klang der Musik das Hartgewordene in ihrer Seele auf. Das gilt vor allem vom Singen. Viele, die im Chor singen, erzählen mir, dass sie von der Chorprobe beschwingt und erfrischt nach Hause gehen. Das Singen hat sie in Berührung gebracht mit ihrer inneren Quelle. Und diese Quelle ist nach dem hl. Augustinus eine Quelle der Freude und der Liebe. Augustinus meint: Wer singt, der singt auch freudig. „Choros" (grch.) kommt von „chara" (grch.), Freude. In uns ist eine Quelle der Freude. Aber durch die Enttäuschungen und Probleme bei der Arbeit sind wir oft abgeschnitten von dieser Quelle der Freude. Durch das Singen steigt die Quelle gleichsam vom Seelengrund auf und durchdringt unser Bewusstsein, so dass wir sie auch im emotionalen Bereich spüren können. Und die innere Quelle ist eine Quelle der Liebe. Vom hl. Augustinus stammt ja das berühmte Wort: „Cantare amantis est." Man kann es so übersetzen: „Wer liebt, der singt auch gerne. Die Liebe drückt sich gern im Singen aus." Man kann es aber auch anders übersetzen: „Wer singt, der kommt in Berührung mit der Quelle der Liebe, die auf dem Grund seiner Seele in ihm strömt." Wer im Singen mit seiner Quelle der Freude und der Liebe in Berührung gekommen ist, der kann dann auch in seiner Arbeit aus dieser Quelle heraus schöpfen.

Freude und Sehnsucht

Oft spüren wir in uns einen Druck und Stau von Gefühlen und Gedanken. Aber wir können diesen Stau nicht definieren und erklären. Wir wissen nicht, woher er kommt und womit er zusammenhängt. Das Singen befreit uns von diesem Stau. Es bringt uns in Berührung mit den positiven Gefühlen der Freude. In uns sind ja gleichzeitig positive und negative Gefühle, Traurigkeit und Freude, Angst und Vertrauen, Ärger und Zufriedenheit, Liebe und Hass. Oft fixieren wir uns aber auf die negativen Gefühle und meinen, sie seien die einzige Realität in uns. In Wirklichkeit schneiden wir uns dadurch nur von den positiven Gefühlen ab, die im Grund unserer Seele liegen, oft verdeckt durch die drückende Last der Sorgen. Im Singen kommen wir in Berührung mit den positiven Gefühlen wie Freude, Hoffnung, Sehnsucht und Liebe. Dadurch verlieren die negativen Gefühle ihre Macht über uns. Wir brauchen uns im Singen nicht in Gefühle der Freude und Liebe hineinzusteigern. Wenn wir uns einfach auf das Singen einlassen, dann bewirkt es etwas in uns, dann steigen Freude und Sehnsucht in uns auf.

Kraft der Versöhnung

Friede als innere Harmonie braucht den liebevollen Blick auf das Feindliche in uns und außerhalb von uns. Und es braucht den Weg der Kontemplation, durch die wir in den inneren Raum der Ruhe und der Liebe in uns vordringen. Es ist letztlich die Liebe, die streitende Menschen miteinander versöhnt und die den inneren Zwiespalt in uns überwindet.

Und es braucht die Fähigkeit, mit den zerstrittenen Menschen und mit den verschiedenen Bereichen unserer Seele so ins Gespräch zu kommen, dass ein Interessenausgleich gefunden wird und alle damit gut leben können.

Wenn ich die Feinde besiegen will, werde ich keinen Frieden schaffen. Der Besiegte will irgendwann selber zum Sieger werden. So wird er wieder aufstehen und weiterkämpfen. Nur wenn ein guter Ausgleich gefunden wird, werden alle in Frieden leben.

Das Glück, das den Friedenstiftern verheißen wird, ist die Gotteskindschaft: „Die Frieden schaffen, werden Söhne Gottes genannt werden." (Mt 5,9)

Komm nach Hause

Gerade in unserer mobilen Welt wächst die Sehnsucht nach Beheimatung in einer überschaubaren Gruppe, nach Beheimatung in der Sprache, in der Religion und in einer Kirche. Es ist die Sehnsucht nach Geborgenheit, nach Ruhe und Sicherheit und die Sehnsucht nach den Wurzeln, aus denen wir leben.

Wonach sehnen sich die Menschen, wenn sie sich nach Heimat sehnen? Für den Philosophen Ernst Bloch ist Heimat nie nur das Vergangene, von dem wir schwärmen. Im Begriff der Heimat – so Bloch – steckt vielmehr immer auch unerfüllte Hoffnung. Man sehnt sich nach der Heimat und verbindet damit, geborgen und geliebt zu sein, einen Raum zu haben, in dem man ganz man selbst sein kann, in dem man in Berührung kommt mit dem, was einem in der Kindheit Zuversicht und Hoffnung geschenkt hat, was einen als Kind genährt hat. Aber die Kindheit ist nicht mit der Heimat identisch. Vielmehr leuchtet etwas in die Kindheit

hinein, das den Geschmack der Heimat hat. Heimat
ist für Bloch etwas, das in die vergangene Kindheit
hineinleuchtet, das uns aber letztlich erwartet. Denn
niemand war schon in dem, was wir Heimat nennen.
Heimat ist somit eine Utopie, ein Nicht-Ort, den wir
aber gerne mit den Orten unserer Kindheit identifizie-
ren. Die Kindheit ist nicht die Heimat, sondern die Verheißung von Heimat. Das, was wir als Kinder gespürt
haben an Geborgenheit, an Geschmack des Lebens,
was uns als Geruch des Lebens in die Nase gestiegen
ist, das erwarten wir in der Zukunft. So sind wir unser
ganzes Leben lang auf der Suche nach der Heimat, die
uns in die Kindheit hineingeleuchtet hat, die aber noch
aussteht als das, was uns für immer Geborgenheit und
ein Zuhause schenkt, ein Heim, in dem wir uns nieder-
lassen, in dem wir daheim sind, in dem wir wohnen
und bleiben können.

Heimat ist auch nie nur ein äußerer Ort, sondern
der Ort, der mich an die Menschen erinnert, die mich
geprägt und genährt haben und aus deren Verbundenheit ich heute lebe. Dann erinnert mich alles an diese
Menschen: der Geruch von Heu, das Singen der Vögel, das Rauschen des Windes, das Licht, das durch die

Bäume einfällt und den Bach erglänzen lässt. Mit allen Sinnen nehme ich etwas wahr, was ich letztlich nicht genau beschreiben kann. Am besten ist es wohl mit dem Wort Herkunft zu benennen. Von diesem Ort her kommt etwas auf mich zu: Liebe, Geborgenheit, Herausforderung, Erfahrungen, die mich geprägt haben. Dort, wo ich herkomme, war ich auch angekommen bei mir selbst, dort war ich willkommen. Dort bekam ich alles, was ich nötig hatte.

Es tut uns gut, in Berührung zu kommen mit der eigenen Sehnsucht nach Heimat und mit dem Geschmack von Heimat, den jeder offensichtlich in sich trägt und in dem zugleich die Verheißung von einem Leben steckt, das sich getragen und geborgen weiß, um mitten in der Unübersichtlichkeit dieser Welt einen Raum der Sicherheit und Geborgenheit, der Ruhe und des Angenommenseins zu erfahren.

Heimatklang

Für den Philosophen Ernst Bloch hat die Musik eine wichtige Bedeutung bei der Heimatsuche. In ihr klingt etwas vom Heimatklang an, von der Ahnung einer Utopie, die in unsere Herzen schon hineinklingt, aber noch nicht wirklich für uns sichtbar und erlebbar ist. Das gilt nicht nur für die Heimatlieder, die wir gerne gemeinsam singen und die uns an etwas erinnern, was wir mit Sehnsucht nach Liebe und Geborgenheit und mit dem Gefühl für das Geheimnisvolle verbinden. Es gilt von jeder Musik. Jede tiefe Musik rührt in unserem Herzen etwas an, das wir mit Heimat verbinden, mit der Beheimatung unserer Seele in der ewigen Heimat Gottes. Seit Plato klingt in der Musik etwas von der himmlischen Musik auf. Die Musik verweist uns also auf die ewige Heimat bei Gott. Die Musik ist gleichsam der Klang, den Gott uns geschenkt hat, um in uns die Sehnsucht nach der ewigen Heimat zu erwecken.

Mut zur Abgrenzung

Der entscheidende Grund, warum wir uns oft mit dem Abgrenzen schwer tun, ist wohl die Angst, wir könnten uns unbeliebt machen, wir würden eine Beziehung stören oder gar abbrechen, wir würden abgelehnt. In Wirklichkeit ist es gerade umgekehrt: Die Bejahung der eigenen Grenzen schafft gesunde Beziehungen. Ich habe die Erfahrung gemacht, dass andere mein Nein durchaus verstanden und respektiert haben, ja dass das Nein zum Anlass geworden ist, über meine und die Situation des Fragers ehrlicher zu sprechen, als wenn ich gleich Ja gesagt hätte. Das Nein bedeutet keine Ablehnung des anderen, sondern ist zugleich ein Angebot, auf eine Weise eine Beziehung aufzunehmen, die mir und dem anderen guttut. Wenn ich immer nur Ja sage, dann bin ich zwar bei vielen beliebt. Aber das Ja-Sagen verhindert in Wirklichkeit eine gesunde Beziehung. Wenn ich mich klar abgrenze, können auch die anderen von mir lernen und den Mut zur eigenen Abgrenzung finden. Ich befreie sie von ihrem schlechten Gewissen, wenn sie selber Nein sagen. Sie fühlen sich frei und lassen mir die Freiheit.

Damit Beziehung lebendig bleibt

Es ist auch notwendig, immer Räume der Nähe zu suchen oder zu schaffen, die die gegenseitige Beziehung vertiefen können. Räume, die die Verbindung gerade deswegen stärken, weil sie frei sind von Beanspruchungen, die von außen kommen: Beruf, Kinder, Alltagssorgen ...

Damit Beziehungen gelingen, brauchen wir gute Kommunikationsformen und eine gesunde Streitkultur. Wir brauchen aber auch die richtige Einstellung zu uns selbst und zum andern. Wir dürfen vom andern nicht alles erwarten. Der andere kann uns nie absolute Liebe und absolute Geborgenheit und absolutes Verständnis schenken. Psychologen sprechen davon, dass man eine Paarbeziehung entmythologisieren muss, dass man die Ansprüche daran nicht übersteigern darf, damit die Liebe reif wird. Etwas Absolutes vermag allein Gott zu geben. Wenn wir die Beziehung zum Ideal überhöhen und vom anderen so etwas wie das Paradies auf Erden erwarten, überfordern wir ihn mit unseren Erwartungen. Dann wird die Beziehung immer schwieriger werden. Wenn wir aber dankbar annehmen, was der andere in seiner Begrenztheit uns an Liebe, Geborgenheit und Verständnis schenkt, dann wird unsere Beziehung entkrampft. Wir erkennen in dem, was wir vom andern erfahren, einen Verweis auf die absolute Liebe.

Achtsamkeit hilft

Achtsam sein auf den anderen heißt auch: achtsam sein auch auf das andere in ihm. Es ist wichtig, sich immer wieder in den andern hineinzuversetzen, sich zu fragen, wonach er sich sehnt, woran er leidet, warum er so empfindlich ist, warum er so reagiert. Ich darf nicht alles persönlich auf mich beziehen. Sein Verhalten sagt etwas über ihn aus. Und wenn er schwierig ist, dann hat das immer einen Grund in seiner Lebensgeschichte. Auf diese Weise beiße ich mich nicht fest an seinem Verhalten. Ich versuche, dahinterzusehen, es zu verstehen. Wenn ich es verstehe, kann ich besser darauf reagieren. Bei allen Begrenzungen, die ich im andern sehe, muss ich aber auch an das Gute in ihm glauben. Nur wenn ich an das Gute in ihm glaube, wird er den guten Kern in sich entfalten. Dazu kann ich aktiv beitragen. Mein Glaube an das Gute im anderen wächst, wenn ich etwa für ihn bete oder wenn ich ihn segne. Im Segen wünsche ich einem Menschen das, was er braucht, um mit sich in Frieden zu kommen. Im Gebet lerne ich, den andern mit neuen Augen zu sehen. Und genau diese Fähigkeit – den anderen mit neuen Augen zu sehen – ist entscheidend für das Gelingen einer Beziehung. Denn oft genug scheitern Beziehungen – nicht nur in der Partnerschaft, sondern in den verschiedensten Zusammenhängen –, weil wir den andern nicht sehen wie er ist, sondern ihn nur durch die Brille unserer Vorurteile wahrnehmen.

Dankbarkeit üben

Dankbarkeit ist die Grundhaltung Gott, aber auch dem eigenen Leben gegenüber. Wir sind dankbar für die Liebe, die Gott uns geschenkt hat, für den Partner, dass er uns annimmt und für uns da ist, für die Partnerin, dass sie treu ist und fair mit uns umgeht. Wir sind dankbar für die Liebe, die wir spüren dürfen. Wir erleben, dass die Liebe letztlich immer ein Geschenk ist, das wir uns nicht anrechenbar verdient haben. Sie ist ein Geheimnis, das uns in der Tiefe miteinander verbindet. Diese Dankbarkeit braucht – wie in der Spiritualität - immer wieder einen Ausdruck. Die Möglichkeiten dazu sind zahlreich.

Dankbarkeit ist freilich keine Sonntagshaltung. Es geht auch darum, die Dankbarkeit im Alltag zu üben und dem anderen immer wieder durch ein kleines Zeichen – verbal-ausdrücklich oder zeichenhaft-symbolisch – zu zeigen, dass wir wahrnehmen, was er oder sie für uns tut. Wir danken aber nicht nur für das, was er tut, für das, was er uns sagt, sondern auch für sein Sein. Manchmal tut es gut, dem anderen einfach zu danken, dass er so ist, wie er ist, dass er an unserer Seite ist, dass wir einander lieben dürfen.

Ein Freudenschlüssel

Wenn man alles Glück der Welt besitzt, es aber nicht als Geschenk betrachtet, dann wird es einem keine Freude schenken. Doch selbst ein Missgeschick wird denen Freude schenken, denen es gelingt, dafür dankbar zu sein." Der österreichische Benediktiner David Steindl-Rast, von dem diese Einsicht stammt, weiß aus eigener Erfahrung, was Glück ist. Und er begegnet vielen Menschen, die ihn um seines Glückes wegen beneiden. Er kann es nicht jedem mitteilen. Denn viele wollen das Glück besitzen, als ob sie ein Anrecht darauf hätten. Aber sie vergessen, dass man Glück immer nur als Geschenk entgegennehmen kann. Nur wenn ich es mir schenken lasse, wird es mich mit Freude erfüllen. Sonst kann ich noch so viele wertvolle Menschen kennen, ich werde mich über ihre Nähe dennoch nicht freuen können. Ich kann noch so viele Güter besitzen, sie werden mich nicht glücklich machen. Dankbarkeit ist der Schlüssel zur wahren Freude. Wer selbst dankbar sein kann, wenn ihm etwas gegen den Strich geht, den vermag auch das Missgeschick nicht aus seiner inneren Freude zu vertreiben. Die Dankbarkeit wird ihn lehren, dass selbst das, was seine Pläne durchkreuzt, manchmal neue Türen aufschließen kann, die weite Räume und herrliche Wege eröffnen. Die Dankbarkeit schützt mich davor, alles, was mich einmal erfreut hat, festzuhalten. Die Dankbarkeit klammert sich an nichts. Es ist eine Grundhaltung, die durch alles, was geschieht, genährt wird. Es ist immer der Augenblick, in dem ich dankbar bin, dankbar für das, was mir gerade jetzt widerfährt, was mich in Bewegung bringt, was mich herausfordert, was mich beglückt.

Gib der Sehnsucht Raum

Der irische Dichter John O'Donohue hat einen ein-
drucksvollen Satz gesagt über die transzendierende
Kraft unserer Seele: „Das Schönste, was wir überhaupt
besitzen, ist unsere Sehnsucht; diese innerseelische
Kraft ist spiritueller
   Natur und besitzt eine herrliche Tiefe und Weisheit." Für O'Donohue ist es die Sehnsucht, die den
Menschen heiligt und ihm seine Würde gibt. Sie heiligt
ihn, d. h. sie nimmt ihn heraus aus dem Terror dieser
Welt. Sie gibt ihm etwas Heiliges und Unantastbares.
Nach der Auffassung der griechischen Philosophie ver-
mag allein das Heilige zu heilen. Wenn das stimmt,
dann wird der Mensch, der seine Sehnsucht verdrängt,
krank. Zur Gesundung braucht er die Sehnsucht gera-
dezu. Doch der irische Poet weiß auch, dass wir die
Sehnsucht überbeanspruchen, wenn wir sie auf das
Göttliche richten, das nur außerhalb von uns ist. Das
Göttliche ist auch in uns. Christus ist in uns – sagt die

Mystik. Wenn wir unsere Sehnsucht überspannen, sie nur auf das Ferne ausrichten, uns nur ins Unbestimmte treiben lassen, überspannen wir damit unsere eigene Seele. Dann besteht die Gefahr, dass die Sehnsucht ihr Ziel nicht findet und in sich zurückfällt. Dann wird sie zynisch und leer. Die Sehnsucht braucht ein Ziel. Und dieses Ziel ist zugleich in und über uns. Es ist der Gott, der in uns wohnt, aber der uns zugleich übersteigt, der uns in das eigentliche Geheimnis unseres Seins einführt. Es ist eine doppelte Bewegung – und doch eine einzige Wirklichkeit: Die Sehnsucht nach Liebe zielt nach der konkreten Erfahrung von Liebe durch einen Menschen. Aber in dieser konkreten Liebe steckt zugleich die Sehnsucht nach einer noch größeren, nach einer alles umfassenden Liebe.

Diese alles übersteigende Liebe begegnet uns zwar schon in der menschlichen Liebe. Aber sie geht nicht in ihr auf. Die menschliche Liebe verzaubert uns, doch ist sie brüchig und begrenzt. Trotzdem blitzt in ihr etwas von der unendlichen Liebe auf, nach der wir uns in allen beglückenden und enttäuschenden Erfahrungen menschlicher Liebe sehnen.

Das Potenzial der Erinnerung

Bei Kursen lasse ich die Teilnehmer sich oft daran erinnern, wo sie als Kind leidenschaftlich gerne gespielt haben oder wo sie fasziniert waren von bestimmten Gestalten in Märchen oder Erzählungen oder aber auch von Menschen in ihrer Umgebung. Wenn sie dann davon erzählen, dann verändert sich die Stimmung im Raum. Es kommt etwas Leichtes auf. Manchen ist es zunächst peinlich, so in die Kindheit zurückzugehen. Sie meinen, das Leben würde sich jetzt abspielen und solches Zurückgehen in die eigene Vergangenheit sei Flucht. Aber wenn einige dann anfangen zu erzählen und wenn sie aus der Erinnerung heraus dann überlegen, wie die damalige Begeisterung ihr Leben und ihre Arbeit heute verwandeln und inspirieren könnte, dann wagen sie es auf einmal auch, ihre eigenen Erinnerungen zu erzählen. Sie kommen im Erinnern in Berührung mit dem Potenzial, das in ihnen steckt und oft genug verborgen war.

Hoffnung gibt nie auf

Die Hoffnung hat einen langen Atem. Sie kann warten. Hoffnung ist etwas anderes als Erwartung. Wenn ich vom Partner erwarte, dass er dies oder jenes ändert, dann bin ich immer wieder enttäuscht, dass er es doch nicht tut. Und oft genug fühlt sich der andere von meinen Erwartungen erdrückt. Er hat den Eindruck, dass er sie ständig erfüllen muss. Weil er den Erwartungen nicht gerecht werden kann, wird er aggressiv. Und ich selbst reagiere auf die Nichterfüllung der Erwartungen mit Enttäuschung. Hoffen ist – so sagt der französische Philosoph Gabriel Marcel – immer Hoffen auf dich und Hoffen für dich. Die Hoffnung richtet sich immer auf eine Person. Ich hoffe, dass du immer mehr der wirst, der du von Gott her bist. Die Hoffnung gibt nie auf. Paulus sagt, wir hoffen auf das, was wir nicht sehen. Das ist gerade für die Partnerbeziehung von entscheidender Bedeutung. Viele werfen sich gegenseitig vor: „Ich sehe nichts von dem, was du mir versprochen hast. Du wolltest doch das oder jenes ändern. Ich sehe nichts davon. Ich sehe bei dir gar keine Bemühung, etwas zu verbessern." Solche Worte legen den anderen fest auf das Sichtbare. Die Hoffnung sieht auf das Unsichtbare. Sie hofft darauf, dass im anderen etwas ist, das ich noch nicht sehe, das aber irgendwann zum Vorschein kommen will. Ohne Hoffnung wird das Zusammenleben zur Hölle, wie Sartre es beschrieben hat. Dante hat über die Hölle das Wort gesetzt: „Lass alle Hoffnung fahren!" Die Hoffnung gibt den anderen nie auf und auch sich selbst nicht. Ich fange immer wieder neu an. Ich gebe die Hoffnung nicht auf, dass wir einen Weg zueinander finden. Menschen ohne Hoffnung lassen dem anderen vielleicht zwei oder drei Chancen. Dann ist es mit ihrer Geduld zu Ende. Die Hoffnung hat einen langen Atem. Sie hofft auf das, was sie noch nicht sieht. Damit ermöglicht sie auf Dauer eine Entfaltung und Verwandlung.

Daseinsbejahung

Ein Fest oder eine gemeinsame Feier, etwa zu einem Geburtstag oder zu einem Jubiläum kann ein guter Weg sein, um mit unserer inneren Quelle in Berührung zu kommen. Das Fest erhebt uns innerlich. Es verbindet uns mit anderen und ist Ausdruck der Bejahung unseres Daseins. Fest meint – so sagt der deutsche Philosoph Josef Pieper – immer Zustimmung zum Leben. Es schenkt uns Lebensfreude. Es zeigt uns, dass unser Leben wertvoll und sinnvoll ist. Und am Fest gehen wir auf andere Weise, auf festliche Weise, miteinander um. Wir achten einander. Wir bewerten nicht. Wir freuen uns aneinander. Gerade wenn wir ein gelungenes Geburtstagsfest gefeiert haben, fühlen wir uns wie neu geboren. Wir wurden gesehen, wahrgenommen, gewürdigt, gelobt. Man hat uns viele gute Wünsche gesagt. Das war nicht nur äußerlich. Das kam bei vielen von Herzen. So ein Fest erfrischt uns. Manche, die an Burnout leiden, meinen, sie dürften sich den Festgästen nicht zumuten. Doch gerade, wenn ich mich nicht so gut fühle, soll ich es mir gönnen, ein Fest mit anderen zu feiern, mich und meine Sorgen einmal zu vergessen und dankbar das Fest zu feiern, dass ich lebe, dass ich in meinem Leben soviel schon erreicht habe, dass ich viele Freunde habe und dass ich dankbar zurückschauen kann auf das, was war.

Mit allen verbunden

Auch wenn ich allein esse, halte ich kurz inne, um Gott für das zu danken, was ich genießen darf. Dieses kurze Innehalten gibt mir ein Gespür dafür, dass ich achtsam essen will und nicht einfach in mich hineinschlingen möchte. Und es vermittelt mir: Es sind Gottes gute Gaben, die er mir schenkt. Wenn die Buddhisten ein Tischgebet sprechen, dann danken sie nicht nur Gott für seine Gaben, sondern auch den Menschen, die diese Gaben bereitet haben. Es sind ja viele Menschen daran beteiligt, dass diese Früchte, dieses Gemüse, dieses Fleisch auf unseren Tisch kommen. Sie haben mitgeholfen, dass die Früchte der Erde gedeihen können. Sie haben sie geerntet und sie aufbereitet, so dass wir sie heute essen dürfen. Wenn wir diese Achtsamkeit üben, dann verbindet uns das Essen mit all den Menschen, die auf der weiten Welt für uns arbeiten und wirken. Und es tut Leib und Seele gut.

Ganz durchlässig

Es ist eine Sehnsucht, die wir alle haben, dass wir einfach Liebe sind. Es gibt solche Menschen, denen man an ihren Augen ansieht, dass sie voller Liebe sind, dass sie ganz und gar durchlässig sind für die göttliche Liebe. Diese Menschen sind nicht verliebt in einen andern, sie strahlen in ihrem ganzen Dasein Liebe aus.

Ihre Liebe gilt jedem Menschen, dem sie begegnen. Sie können sich jedem mit ungeteiltem Wohlwollen zuwenden. Ihre Liebe gilt den Tieren, den Pflanzen, einer Statue, einem Bild, der Musik. Sie gilt jedem Augenblick. In ihrer Nähe fühlt man sich wohl.

Sie strahlen Liebe aus. Ihre Hände haben etwas Zärtliches an sich. Man kann es nicht genau beschreiben, was da in uns vorgeht, wenn wir solchen Menschen begegnen. Aber irgendwie fühlen wir uns angenommen, ernst genommen, geachtet, geliebt. Unser Herz taut auf. Wir fühlen uns frei. Wir müssen nichts

mehr verbergen. Wir dürfen so sein, wie wir sind. Ihre
Augen sind eine Einladung, einfach zu sein.

Alles hoffen

Die Liebe ist getragen von einem grundsätzlichen Vertrauen in den Menschen, in das Leben, in Gott. Nur wenn ich einem glaube, kann ich ihn lieben. Das meint auch die deutsche Sprache, die glauben, lieben und loben von der gleichen Wurzel „liob" ableitet. „Liob" heißt gut. Glauben heißt dann gut sehen. Lieben bedeutet gut umgehen. Ich kann nur lieben, was ich für gut ansehe, wem ich traue. Das gilt vom Menschen genauso wie für Gott. Ich kann keinen Gott lieben, dem gegenüber ich ein abgrundtiefes Misstrauen habe. Die Liebe braucht das Vertrauen, aber sie drückt sich auch konkret im Vertrauen und Glauben aus. Indem sie an den Menschen glaubt, richtet sie ihn auf und lockt in ihm das Gute hervor.

Loben heißt, das Gute auch zu nennen. Indem ich das Gute ins Wort bringe, wird es wirklich und wirksam.

Die Liebe hofft alles, Hoffnung ist ein anderer Aspekt des Glaubens. Ich erwarte etwas von dem, den ich liebe. Ich traue ihm etwas zu. Ich habe Hoffnung für ihn, dass er sich entwickeln kann, dass das Gute in ihm immer stärker werden wird. Die Liebe durchbricht das Augenscheinliche. Sie sieht tiefer. Sie entdeckt im Menschen den guten Kern, der in ihm aufblühen möchte. Sie sieht in ihm die Zeichen von Lebendigkeit, von Echtheit, von Fähigkeiten und Möglichkeiten, die in ihm stecken. Und die Liebe erhofft alles von Gott. Sie traut Gott zu, dass er an uns und an den Menschen, die wir lieben, Wunder seiner Liebe wirken wird.

Eine eigene Kraft

In der Liebe wohnt eine Kraft. Sie lässt sich nicht so leicht in die Flucht schlagen. Sie nimmt den Kampf gegen feindliche Mächte auf. Sie glaubt an den Sieg. Sie ist stärker als alles, was das Leben untergraben möchte. „Die Liebe hört niemals auf" (1 Korinther 13, 8). Sie ist Erscheinung des Ewigen in der Zeit und hat daher niemals ein Ende, während alle anderen Gaben des Geistes vorläufig sind und im Tod ihr Ende finden.

Die Liebe ist eine eigene Kraft. Manchmal spüren wir, dass wir voller Liebe sind.

Innewerden und verstehen

Das deutsche Wort „erinnern" meint, dass wir das, was wir getan oder erlebt haben, nach Innen bringen, dass wir dessen inne-werden, dass wir es von innen heraus wahrnehmen und verstehen. Das, was geschehen ist, soll eine innere Wirklichkeit werden, die uns niemand mehr rauben kann. Im Lateinischen heißt „erinnern" „recordare". Das meint eigentlich: ans Herz binden, zum Herzen zurückbringen. Das, was wir erlebt haben, sollen wir in unser Herz bringen, damit es im Herzen für immer aufgehoben ist, dass es wie ein Schatz in unserem Herzen ruht. Ich kann „recordare" auch so übersetzen: Ich komme immer wieder zurück zu meinem Herzen. Wenn ich mich erinnere, gehe ich aus der äußeren Welt zurück zu meinem Herzen, zur inneren Welt meiner Seele. Dort bin ich ganz ich selbst. Dort hüte ich den Schatz und das Geheimnis meines Lebens. Und diesen Schatz kann mir niemand rauben.

Ich vertraue mich an

Die Natur bewertet nicht. Ich darf so sein, wie ich bin. Ich muss mich nicht beweisen. Ich bin einfach. Indem ich mich der Natur anvertraue, vertraue ich mich dem Leben an, vertraue ich mich Gott an. Und ich erlaube mir, einfach so zu sein, wie ich bin. Denn so wie ich bin, mit allen Höhen und Tiefen, mit meiner Dunkelheit und dem Licht in mir darf ich sein, bin ich Gottes Geschöpf, voller Lebendigkeit und voller Liebe. In der Natur spüre ich, dass mir nichts Menschliches, ja nichts Kosmisches fremd ist. Der Blick in den nächtlichen Sternenhimmel zeigt mir, dass wir eingebunden sind in einen größeren Zusammenhang. Das Große und das Kleine, das mir in der Natur begegnet, sagen mir etwas vom großartigen Wunder des Lebens, dessen Teil wir sind. Alles, was ich außerhalb von mir beobachte, ist auch in mir. So kann ich gerade in der Natur oft die Erfahrung tiefen Einsseins machen. Ich erfahre so den Einklang mit mir selbst und mit Gott.

Das Geheimnis des Herzens

Eines der berühmtesten Worte von Antoine de Saint-Exupéry, das viele Menschen nach wie vor berührt, steht in seiner Parabel vom „Kleinen Prinzen", jenen Geschichten von der Suche des Menschen nach Glück: „Adieu, sagte der Fuchs. Hier mein Geheimnis: Es ist ganz einfach: Man sieht nur mit dem Herzen gut. Das Wesentliche ist für die Augen unsichtbar."

Die deutsche Sprache hat für die drei Wörter glauben, lieben und loben die gleiche Wurzel: liob = gut. Glauben heißt „für lieb halten, gutheißen". Liebe besteht darin, das Gute, das ich im andern sehe, gut zu behandeln. Und loben meint: das Gute auch ansprechen und gut über einen Menschen reden. Die Sprache und was sich in ihr an Weisheit verdichtet hat, entspricht der Erfahrung des Fuchses aus dem „Kleinen Prinzen" von de Saint-Exupéry. Das Herz sieht gut. Und indem es gut sieht, entdeckt es das Gute im andern. Wer mit einer schwarzen Brille auf den andern sieht, wird nur das Dunkle in ihm wahrnehmen. Das Lichte und Helle, das Gute und Milde wird er übersehen. Nur wenn ich mit meinem Herzen auf meinen Nachbarn sehe, werde ich ihm gerecht. Aber die Voraussetzung ist, dass mein Herz gut ist, dass ich die destruktiven Gedanken nicht in mein Herz lasse. Wessen Herz eine Mördergrube ist, der kann auch nicht gut sehen und das Gute im andern erkennen.

Das Wesentliche ist für die Augen unsichtbar. Die Augen sehen die Oberfläche. Sie nehmen wahr, wie die Gesichtszüge des andern sind. Sie nehmen den Ärger wahr, die Unzufriedenheit, die Verschlossenheit, die Härte, den Gram und das Leid. Das Herz sieht tiefer. Es sieht hinter das Antlitz eines Menschen. Es sieht in sein Herz. Und im Herzen eines jeden Menschen erkennt es die Sehnsucht, gut zu sein, im Frieden mit sich und der Welt zu sein, die Sehnsucht, sich und sein beschädigtes Leben Gott hinzuhalten und in Gott Heilung zu finden und in Einklang zu kommen mit sich selbst. Das Wesentliche eines Menschen ist unsichtbar. Aber auch das Wesentliche der Welt. Lebenskunst besteht darin, mit dem Herzen zu sehen. Nur wenn ich mit dem Herzen sehe, begegne ich in der Blume der Schönheit ihres Schöpfers und im Baum meiner eigenen Sehnsucht, fest verwurzelt zu sein in einem tieferen Grund. Nur dann empfinde ich sogar beim Anblick eines Baumes die Sehnsucht, so in meine Gestalt hineinzuwachsen und so aufzublühen, dass andere in meinem Schatten Geborgenheit und in meiner Nähe Trost finden. Nur das Herz sieht in allem die Spuren jener letzten Wirklichkeit und Gewissheit, die mich aus dem Antlitz jedes Menschen und aus jedem Stein und jedem Grashalm anblickt, um mir zu sagen: „Du bist geliebt. Die Liebe umgibt dich in allem, was du siehst."

So fließt das Leben

Stell dir vor: Kurz vor deinem Tod schreibst du an einen Freund oder eine Freundin, was du mit deinem Leben sagen und mitteilen wolltest. Dabei geht es nicht um irgendwelche Lehren, sondern um die Frage, was du mit deiner persönlichen Existenz zum Ausdruck bringen möchtest. Wofür möchtest du Zeugnis ablegen? Nur für dich oder für etwas Größeres: für die Liebe, für den barmherzigen Gott? Was können Menschen an dir und deinem Leben ablesen? Was ist die Botschaft, die du andern sagen möchtest? Was sollen die Menschen nach deinem Tod von dir sagen? Welchen Geschmack möchtest du bei den Menschen hinterlassen? Welche Bilder vom Leben möchtest du in die Herzen der Menschen einprägen? Auch wenn unsere Motive natürlich immer vielschichtig und nie auf eines zu reduzieren sind: Es ist wichtig, dir überhaupt darüber Rechenschaft abzulegen, was die tiefste Triebfeder deines Lebens ist. Warum tust du es dir jeden

Morgen an, aufzustehen? Ist es nur Routine, weil es halt so sein muss, weil du dein Geld verdienen musst? Oder hast du eine tiefere Motivation? Was möchtest du letztlich mit deinem Leben vermitteln?

Du brauchst für dein Leben ein Bild. Dann beginnt in dir die Quelle zu fließen. Das Fließen des Lebens ist die eigentliche Bedingung dafür, dass du dich selber wirklich wohlfühlst. Wenn dein Leben für andere zum Segen wird, wirst du von denen, denen du etwas gibst, selbst beschenkt werden und viel an Dankbarkeit zurückbekommen.

Quellenverzeichnis

Anselm Grün, 50 Helfer in der Not. Die Heiligen fürs Leben entdecken. Herder Spektrum. © Verlag Herder, Freiburg 8. Auflage 2008. (35f., 41f.)

Ders., Buch der Sehnsucht. © Verlag Herder, Freiburg 2. Auflage 2003. (106f.)

Ders., Das Buch der Antworten. Zu den großen Fragen des Lebens. Hg. von Rudolf Walter. Herder Spektrum. © Verlag Herder, Freiburg 2. Auflage 2011. (27f., 46f., 98f., 100f.)

Ders. / Ramona Robben, Grenzen setzen – Grenzen achten. Damit Beziehungen gelingen – Spirituelle Impulse. Herder Spektrum. © Verlag Herder, Freiburg 9. Auflage 2013. (96f.)

Ders., Einfach leben. Das große Buch der Spiritualität und Lebenskunst. © Verlag Herder, Freiburg 3. Auflage 2012. (12ff., 33f.)

Ders., Gesund mit Leib und Seele. © Kreuz Verlag in der Verlag Herder GmbH, Freiburg 2011. (15, 20f., 29f., 47f., 52f., 54f., 56, 64f., 72f., 113)

Ders., Glückseligkeit. Der achtfache Weg zum gelingenden Leben. © Verlag Herder, Freiburg 2007. (90f.)

Ders., Lob der sieben Tröstungen. Was Leib und Seele gut tut. Hg. von Rudolf Walter. © Verlag Herder, Freiburg 2011. (25f., 60f., 62f., 74f., 78f., 80, 81f., 83f., 88f., 108, 119f.)

Ders., Öffne dein Herz für die Liebe. © Kreuz Verlag, Stuttgart 2004. (39f., 49, 114f., 116f., 118)

Ders., Was die Liebe nährt. Beziehung und Spiritualität. © Kreuz Verlag in der Verlag Herder GmbH, Freiburg 2010. (37f., 102f., 109f.)

Ders., Zur inneren Balance finden. Hg. von Anton Lichtenauer. Herder Spektrum. © Verlag Herder, Freiburg 5. Auflage 2011. (43)

Ders., Vom Burnout zum Flow. Kraftvolle Visionen gegen Erschöpfung und Blockaden, Kreuz Verlag in der Verlag Herder GmbH, Freiburg 2014. (16f., 57ff., 68f., 85ff., 111f.)

Ders., Wo ich zu Hause bin. Von der Sehnsucht nach Heimat, © Kreuz Verlag, Stuttgart 2011. (50f., 70f., 92ff., 95)

Ders., Das kleine Buch der Lebenslust. Hg. von Anton Lichtenauer, Herder Spektrum, © Verlag Herder, Freiburg, 9. Auflage 2016. (18f., 31f., 44f., 66f., 76f., 104f.)

Ders., Das große Buch der Lebenskunst. Was den Alltag gut und einfach macht. Herausgegeben von Rudolf Walter, Herder Spektrum © Verlag Herder, Freiburg 5. Auflage 2012. (121f.)

Ders., Quellen innerer Kraft. Erschöpfung vermeiden – Positive Energien nutzen © Verlag Herder, Freiburg 2004 (22ff., 124f.)